JN128811

樂大維 著

書き込み式

台湾華語&繁体字練習帳

まえがき

「世界文化遺産」になってもおかしくはないぐらい昔から伝わってきた繁体字・正体字はわたしの誇りであり、2300万の台湾人民の誇りでもあります。

　私は毎日講師として、誇りを持って台湾の言葉を教えています。なかでも印象的なのが、社会人向けの講座です。サラリーマンの受講生が多く、仕事で疲れているにもかかわらず、趣味として勉強にいらっしゃるのですが、授業中、コツコツと字を繰り返し書く人が何人かいらっしゃいます。「書かないと覚えられない」と、みな口をそろえておっしゃるのです。この言葉を聞き、大学院時代に先生から教わったことを思い出しました。

　それは、大学院時代に台湾師範大学で中国語教育を専攻していた時に教えられた学習方法で、アメリカの教育哲学者ジョン・デューイが示した「為すことによって学ぶ」というものです。次々と文字を書く実践を繰り返す過程で言葉を学ぶという方法で、「体験型学習」ともいわれています。

　いま、台湾に興味を持ってくださる方々がとても多くなってきています。そうした方々に、言葉を通じてより深く台湾について知っていただくにはどうすればよいかと考えると、この「繰り返し書く」という体験がよいきっかけになるのではないかという思いから、この本が生まれました。

　本書では、台湾の文部科学省に相当する教育部が定める標準的な書体「教育部標準楷書字形」を使用しています。字を上手に書くには、ひたすら練習するのではなく、法則を理解し、記憶したうえで応用するのが効果的です。最初にこの規範の形を念頭に入れて、その上で自分らしさを出していくとよいでしょう。

　また、台湾で日常よく使われる単語やフレーズの書き取りもたっぷり取り入れました。台湾の著名人や原住民族の名前などもあります。好きな分野からさらに興味を広げていただけるとうれしいです。

　この練習を始めた今こそ、あなたの視野を広げるチャンス！　「字のバランスが取れてるな」「パーツはそれぞれ意味があるんだ」と感じて、台湾の美しい字を書くことが好きになりますように。そして、台湾の伝統文化の素晴らしさを再発見できる手助けになれば幸いです。書くことは知識を増やし、不思議な発見をうながし、心を前向きにする力があるとわたしは信じています。

　最後に、アスク出版の由利さんにお礼を申し上げます。私が中国語教育学会で台湾華語について発表した後に、この本の企画を提案してくださって、執筆の機会を得ました。また、編集にあたって、日本人学習者の視点からアドバイスもくださった大学院時代の友人、岡井将之さんにも感謝しております。

　漢字の最初の素顔を知るためにも、台湾華語のお勉強のためにも、さあ、このお手本をなぞって練習を始めましょう！

2017年夏　樂大維

まえがき ... 3
「台湾華語」ってなんでしょう？ ... 6
「繁体字」（正体字）ってなんでしょう？ ... 8
本書の使い方／本書のよみがな表記について ... 10
音声ダウンロードについて ... 12

Unit 1　繁体字を書いてみよう！

❶ この字を知らなきゃ始まらない！　超基本の繁体字 ... 14
臺／灣／你／來／國／廁／號／對／錢／點／廳

なぞって書こう！　台湾の地名　〜その1 台湾北部・東部編 ... 18

❷ 日本の字と比べてみよう ... 20
　① 日本の新字体との比較 ... 20
戶／包／沒／步／兩／直／春／起／旅／海／參／晚／帶／喝／黑／華／換／黃／
電／歲／腳／樣／練／豬／貓／歷／顏／難／壞／麵

　② 日本の旧字体との比較 ... 28
兒／氣／單／畫／裡／會／腦／輕／圖／賣／樂／數／寫／遲／靜／學／檢／聲／
總／醫／舊／雞／關／邊／鹹／鐵／歡／體／變／鹽

　③ 日本では見かけない字 ... 36
呢／姊／咖／喂／踢／褲／懂

なぞって書こう！　台湾の地名　〜その2 台湾南部・離島編 ... 38

❸ 簡体字と比べてみよう ... 40
這／幾／網／麼／辦／幫／
千／乾／幹／了／瞭／發／髮／後／后／復／複／于／於

なぞって書こう！　台湾の地名　〜その3 台北MRT 駅編 ... 44
　　　　　　　　　　　　　〜その4 高雄MRT 駅編 ... 46

コラム　2つの「月」…にくづきと月 ... 47

ちょっと挑戦！　台湾人でも書けない字を書いてみよう！ ... 48
屜／龜／贏／澀／嚏／鳶／竄／竊／鬱／籲

コラム　略字も使います！ ... 50

Unit 2　日常のことばを書いてみよう！

【雑学編】
- ① 空港と空港内の施設　52
- ② 台北の観光地　54
- ③ 台湾の原住民族　56
- ④ 台湾の有名企業・メーカー　58
- ⑤ 台湾の著名人　60
- ⑥ 世界の国名①
  〜アジア・オセアニア編　62
- ⑦ 世界の国名②
  〜アメリカ・ヨーロッパ・アフリカ編　64

【日常編】
- ① 交通機関　66
- ② ホテルなどの設備　68
- ③ 街なかのいろいろな場所　70
- ④ 日常生活用品　72
- ⑤ 食べ物①〜屋台料理編　74
- ⑥ 食べ物②〜レストラン料理編　76
- ⑦ 食べ物③〜くだもの＆スイーツ編　78
- ⑧ 飲み物　80
- ⑨ スポーツ・趣味　82
- ⑩ いろいろな職業　84

コラム　人に呼びかける方法いろいろ　85
　　　　　台湾語由来のことば　86

Unit 3　よく使うフレーズを書いてみよう！

- ① こんにちは！　88
- ② いつですか？ いくらですか？　90
- ③ いくつですか？　92
- ④ どこですか？ なんですか？　94
- ⑤ 〜したいです 〜してください　96
- ⑥ 〜してもいいですか？　97
- ⑦ 基本の動詞　98
- ⑧ 基本の形容詞　100
- ⑨ 助けて！ 緊急時のフレーズ　102
- ⑩ お祝いのことば　103
- ⑪ 四字熟語・ことわざ　104
- ⑫ 便利なフレーズ　108

ちょっと挑戦！　グリーティングカードを書いてみよう！　112

コラム　いろいろな「トイレに行きたい」　114

番外編　注音符号を書いて読んでみよう！　115

むすびにかえて　台湾華語・台湾語の学習に役に立つサイト集　126

「台湾華語」ってなんでしょう？

「台湾華語って初めて聞いたけど、中国語？それとも台湾語？」「そもそも台湾語と中国語って違うの？」「中国の中国語と台湾の中国語って違うの？」…みなさんきっといろいろな疑問をお持ちでしょうね。

台湾の現地にいると、テレビ番組や地下鉄のアナウンスなどで、いろいろな言語を耳にします。台湾の総面積はおよそ36,190㎢、日本の九州と同じくらいの広さなのですが、じつは、多様な民族が住んでいて、それぞれの多様な文化が混在し、話す言葉も入り交じっています。

考古学者によると、約1万2000～1万5000年前には、すでに台湾に人類が暮らしていたそうです。現在、台湾に住んでいる人々は、大きく2つの民族に分かれています。

まず、台湾で1000年以上にわたって暮らしている、アウストロネシア語族（マライ・ポリネシア語族）に属する原住民族の人々です。人口はあわせて約53万人、総人口の約2％を占めています。台湾政府は公式に16部族を認定しており、それぞれ独自の言語と生活様式を持っています。

もう1つが、17世紀以降に中国本土から移住してきた漢民族で、台湾の総人口の約98％を占めています。この漢民族の大部分を占めるのが、第2次世界大戦前から台湾に居住する「本省人（ほんしょうじん／べんしょんろえん）」です。主に中国東南部の福建省あたりから移住してきたホーロー人と、広東省あたりから移住してきた客家人の子孫からなります。一方、第2次世界大戦後の1947年前後に移住してきた人とその子孫は「外省人（がいしょうじん／わいしょんろえん）」といいます。

1949年、中華民国政府（国民党）が台湾に移転し、統治を始めました。これに伴い、中華民国が標準とする中国語が、台湾の公用語となりました。この公用語としての中国語を、台湾では「**国語**」といい、対外的には「**（台湾）華語**」または「**マンダリン**」と呼んでいます。

このような歴史と居住民の構成から、台湾には現在、大きく分けると次の4つの言葉があります。

①**国語＝華語・マンダリン**：
公用語となっている標準中国語。基本的には中国本土の標準中国語"普通話"と同じ言葉です。ただし、台湾語由来の語彙を含んでいたり、文法や発音に若干の違いがあります。
②**台湾語（ホーロー語・閩南語（びんなん））**：
本省人の大多数を占めるホーロー人の言葉。大きな意味での「中国語」の方言の1つですが、発音や語彙がまったく標準中国語とは異なります。
③**客家語**：客家人が使う言葉。
④**原住民族の言葉**：それぞれの民族が持つ言葉。

日本語にたとえるなら、①の国語＝華語が標準語、②～④が各地方の方言です。台湾の人はみんな、国語による学校教育を受け、公の場でも日常生活でも国語を使います。台湾人同士や

家庭内での気楽なやりとりでは、方言たる台湾語やそれぞれの民族の言葉を使うことがありますが、どこでもだれとでもコミュニケーションできるのは国語＝華語です。

ということで、みなさんにとっていちばん役に立つのが「華語（国語）」です。これさえできれば、台湾全土だけでなく、中国大陸全体や世界中の華人社会でも通用します。勉強もしやすいですから、みなさんの世界を大きく開く扉にきっとなりますよ。

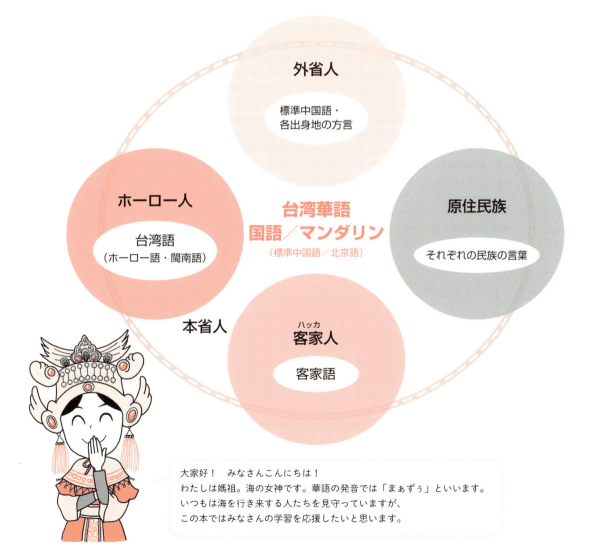

大家好！　みなさんこんにちは！
わたしは媽祖。海の女神です。華語の発音では「まぁずぅ」といいます。
いつもは海を行き来する人たちを見守っていますが、
この本ではみなさんの学習を応援したいと思います。

「繁体字」（正体字）ってなんでしょう？

　台湾に留学した方から聞いた話ですが、ある日台湾でタクシーの運転手に、"我很喜歡繁體字。"（繁体字が好きです）と言ったところ、運転手から「繁体字ではなく、正体字ですよ」と教えられたそうです。台湾の社会で繁体字あるいは正体字の認識が十分浸透していることがわかりました。

　伝説によると、漢字は古代中国の黄帝の時代（紀元前2700年頃？）に、倉頡が作ったと言われています。確認されている最古の文字は今から約3300年前、殷（商）の時代に占いをするために亀の甲羅や動物の骨などに刻んだ甲骨文字です。その後の長い年月を経て新しい字が次々に生まれ、その総数は現在では10万字をはるかに超え、人類史上最多の文字数を持つ文字体系となっています。

　この膨大な数の字を書いたり読んだりするのは、それはそれは大変なこと。中国本土では、中国共産党が統一したあと、この困難を打開するために、1956年に「漢字簡化方案」を発表し、画数を減らして簡略化した「簡体字」を用いるようになりました。

　一方、台湾と香港、マカオ、その他世界の華人社会では、簡略化する前の伝統的な字体を使っています。これが「繁体字」で、簡体字に対比する一般的な呼び方です。台湾では、簡略化した字に対する正統な字であるということで、「正体字」と呼んでいます。

　「正体字」という呼び方には、次のような4つの意味が込められています。

①これは祖先から伝わったものである。
②「簡体字」と対立する。例えば、"單"は正体字、"单"は簡体字。
③「俗体字」と対立する。例えば、"卻"は正体字で、"却"は俗体字。
④「異体字」と対立する。例えば、"夠"は正体字、"够"は異体字。

　冒頭のタクシーの運転手が話した「正体字」とはこのこと。単に簡略化していないというだけではなく、この字が正統な字なんだという意識の表れなんですね。

　日本の漢字のいわゆる新字体も、独自に簡略化が加えられた字です。第2次大戦後、それまでにあった俗字や略字による簡単な字体を当面使用することとした「当用漢字」が、1981年に、一般的に使用する漢字の目安「常用漢字」として内閣から告示され、現在に至ります。「正体字」は、このように簡略化された日本の漢字に対比する呼び方でもあります。なお、日本の漢字の旧字体は、簡略化される前の古来の形をしており、現在の繁体字（正体字）と共通する字がたくさんあります。

　さて、このように素敵な繁体字（正体字）ではあっても、画数が多くて難しい、面倒だと思われるかもしれませんね。しかし、漢字の本来の形を維持していることで、長所もあるのです。

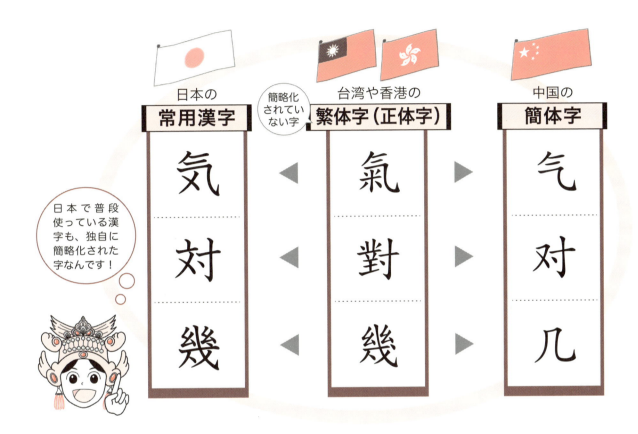

　まず、文字の形とその意味がぴったり合致していること。多くの字はその形から深い意味を理解することができます。例えば"氣"という字は、湧き上がる雲の形を表す"气"と、人間の主食である"米"でできています。この"米"があることによってはじめて、人々は生きていく力、エネルギー＝"氣"を得ることができるというわけです。"汽"に"米"がないのは、人のエネルギーとは関係がないからでしょう（あら？では簡体字の"气"はどうするのでしょう…）。

　また、文字を見分けることが簡単です。例えば簡体字の"对""邓""刘"はとても似ていますが、繁体字で書くと"對""鄧""劉"。その違いは一目瞭然ですね。画数が減って形が似れば似るほど、見分けが難しくなります。文字を見分けるのには、繁体字のほうが便利です。

　ここから奥深い繁体字（正体字）に触れていきましょう！

本書の使い方

　本書には、Unit 1で取り組む繁体字書き取り練習の部分と、Unit 1の一部とUnit 2、Unit 3で取り組む、ことばやフレーズをなぞり書きで書いていく部分とがあります。
　それぞれに、台湾で使われている発音記号である「注音符号」を示しています。この注音符号の読み方や書き方は、番外編として115ページ以降に詳しく説明していますので、参考にしてください。

1 繁体字書き取り練習（Unit 1）

　台湾の教育部が実施する華語のレベル判定試験「華語文能力測検」で、一番簡単な入門級に指定されている単語から主に抽出した、もっとも基本となる繁体字を練習します。

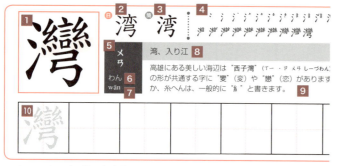

▲1ページに3字の練習（1. 超基本の繁体字）

1ページに4字の練習（2.②日本の旧字体との比較）▶

① **練習する字** ：台湾教育部の標準書体「教育部標準楷書字形」で示しています。特に注意が必要なところには、赤い色で印をつけました。音声あり。

② **日本の漢字** ：原則として、日本の新字体を記しています。「日本の旧字体との比較」のみ、旧字体（日旧）と新字体（日新）の両方を示しています。日本にない字は「―」としています。表示のフォントは教科書体です。

③ **簡体字** ：楷書体で表示しています。

④ **筆順** ：細かい部分を筆順でよく確認しましょう。

⑤ **注音符号** ：読み方と書き方は115ページ以降を参照してください。

⑥ **よみがな** ：標準的な発音に近いかなで表しています。

⑦ **ピンイン** ：ローマ字による発音表記。中国本土の普通話教育、および台湾での外国人への華語教育で使われています。

⑧ **その漢字の意味**

⑨ **解説と用例** ：「"學生"（ㄒㄩㄝˊ ㄕㄥ しゅえしょん）」という形で注音符号とよみがなをつけている用例には、音声あり。

⑩ **練習スペース** ：1つめのスペースはなぞり書きに。残りのスペースは自分で書きましょう。127ページに練習用紙がありますので、ぜひご利用ください。

2 なぞり書き練習（Unit 1～3）

　台湾と台湾華語に関わることばを、たくさん書いてみましょう。練習する字を薄く表示しています。その上からなぞり書きしてください。難しい字の筆順は、「筆順メモ」として欄外に表示しています。
　まずはなぞり書きして、興味を持ったらぜひご自分で書いて練習してみてください。

① 練習することば：
　書く繁体字を薄く表示しています。この上からなぞり書きしてください。赤字は注音符号です。音声あり。
② よみがな、ピンイン、日本語訳
③ 解説その他の情報：
　Unit 3では、文法的な説明なども、赤い色の欄に解説しています。その他、その部分の必要に応じて、さまざまな情報を記載しています。
④ 筆順メモ：
　Unit 1でとりあげなかった字で、難しい字について、筆順を表示しています。
⑤ 関連語句：
　繁体字表記による語句およびその注音符号、よみがな、ピンイン（一部）、日本語訳を記しています。音声あり。

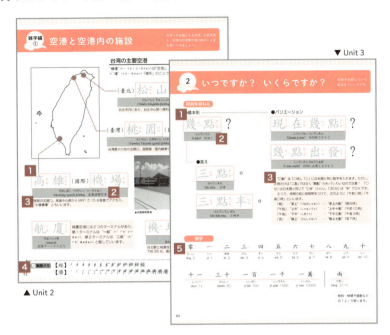

【 本書のよみがな表記について 】

　台湾華語（中国語）には、日本語にはない発音がたくさんあります。本書のよみがなは、「中国語音節表記ガイドライン［平凡社版］」を参考に、できるだけ近い音の雰囲気が出るように表しました。

　「ん」と「ン」…鼻母音の「-n」は「ん」、「-ng」は「ン」と区別して表記しました。

　なお、台湾教育部が定める標準の発音は、基本的には上記のガイドラインに示されている中国本土の発音とほぼ同じ音なのですが、実際の台湾人の発音は大きく異なることがよくあります。とくにそり舌音に大きな差が生じることが多く、例えば台北の夜市で有名な"士林"は、標準発音では「しーりん」ですが、実際には「すーりん」と聞こえることが多いです。しかし、あくまでも標準発音は「しーりん」ですので、本書でもこれに従ったよみがなをつけました。

　また、トーンを表す「声調」は、よみがなに反映していません。ダウンロードの音声を通して、よみがなでは表しきれない音をしっかり聞いてみてください。

　詳しい発音方法は、115ページ以降の番外編を参照してください。

【音声ダウンロードについて】

次の部分の音声を、ダウンロードで聞くことができます。
Unit 1　繁体字書き取り練習部分：
　　　　練習する字の意味（日本語）→練習する字の発音（華語）→用例と解説で注音符号とよみ
　　　　がなを付けていることば（華語）
Unit 1　台湾の地名（なぞり書き）　⎫
Unit 2　単語　　　　　　　　　　　⎬　それぞれ順番に華語のみ収録
Unit 3　フレーズ　　　　　　　　　⎭
番外編　それぞれの発音（華語）

ダウンロード方法

PC へのダウンロード ▶▶▶　https://www.ask-books.com/support/

「書籍を検索」欄から検索、または「中国語」カテゴリ→「中国語一般」カテゴリ内にある本書の詳細ページからダウンロードしてください。
★正誤表もこのページで公開しています。スマートフォンからもご覧いただけます。

スマートフォン・タブレットへのダウンロード ▶▶▶

オーディオブック配信サービス「audiobook.jp」アプリを利用します。下記のアドレスへアクセスし、シリアルコードを入力してダウンロードしてください。

　https://audiobook.jp/exchange/ask-books
　　　　　ダウンロードシリアルコード：**90840**

「audiobook.jp」を初めてご利用の方は、アプリのダウンロード、および会員登録が必要です。詳しくは上記サイトをご覧ください。

【ダウンロード方法等についてのお問い合わせ】

アスクユーザーサポートセンター　https://www.ask-books.com/support/
　　TEL：03-3267-6500（土日祝日を除く 10:00～12:00・13:00～17:00）
　　FAX：03-3267-6868　　　　　MAIL：support@ask-digital.co.jp
　　〒162-8558　東京都新宿区下宮比町2-6

★本書についてのご意見、ご感想も、ぜひ上記までお寄せください。
　WEBからもお送りいただけます。
　［読者アンケートフォーム］https://www.ask-books.com/questionnaire01/

Unit 1

繁体字を書いてみよう！

❋ ❋ ❋ ❋ ❋ ❋

　台湾華語を使うための、繁体字（正体字）を書いてみましょう。
　まずはじめに、基本中の基本ともいえる11字をとりあげました。ここで腕慣らしをしてから、「日本の漢字（新字体・旧字体）」と比べてみたり、中国本土の「簡体字」と比べたりして練習していきます。ぱっと見た目は同じように見えても、細かく見てみると、はねたり止めたり、突き抜けたりくっついたり、微妙に形が違っているところがあります。そのような違いを見つけることも、楽しみの１つになりそうですよ。
　途中で、台湾の地名のなぞり書きがあります。ここでちょっとブレイクしながら練習を進めてください。

この字を知らなきゃはじまらない！
超基本の繁体字

台湾華語を読んだり書いたりするときに、なくてはならない超基本の字を書いてみましょう。

臺 　⽇台　簡台　　一十士吉吉吉高高高高臺臺臺臺

ㄊㄞˊ
たい
tái

台

"臺灣"（ㄊㄞˊ ㄨㄢ たいわん）は「台湾」。台湾でも日常的には簡略化した"台"を使います。"第四臺"（ㄉㄧˋ ㄙˋ ㄊㄞˊ でぃーすーたい）は「ケーブルテレビ」。台湾には多くのケーブルテレビ局があります。

灣　⽇湾　簡湾　　丶冫氵氵氵氵氵氵氵洨洨洨洨洨灣灣灣灣灣灣灣灣灣灣

ㄨㄢ
わん
wān

湾、入り江

高雄にある美しい海辺は"西子灣"（ㄒㄧ ・ㄗ ㄨㄢ しーづわん）。右側の上部の形が共通する字に"變"（変）や"戀"（恋）があります。この字のほか、糸へんは、一般的に"糸"と書きます。

①
臺灣／你來國

你 〔日〕一 〔簡〕你
ノ 亻 亻 亻 你 你 你

ㄋㄧˇ
nǐ

あなた

"你好"（ㄋㄧˇ ㄏㄠˇ にいはお）は「こんにちは」。女へんで"妳"と書くと、女性限定の「あなた」。下に"心"をつけて"您"にすると「あなたさま」になります。

來 〔日〕来 〔簡〕来
一 十 ナ ホ 本 來 來 來

ㄌㄞˊ
らい
lái

来る

"來玩"（ㄌㄞˊ ㄨㄢˊ らいわん）は「遊びに来る」。
"進來"（ㄐㄧㄣˋ ㄌㄞˊ じんらい）は「入ってくる」。
"未來"（ㄨㄟˋ ㄌㄞˊ うぇいらい）は「未来」。

國 〔日〕国 〔簡〕国
丨 冂 冂 冃 冋 冋 国 囻 國 國 國

ㄍㄨㄛˊ
ぐお
guó

国

"中國"（ㄓㄨㄥ ㄍㄨㄛˊ ちょんぐお）は「中国」。"國語"（ㄍㄨㄛˊ ㄩˇ ぐおゆぃ）は「国語」で、台湾では台湾の標準中国語のことをいいます（対外的には「華語」「マンダリン」と呼んでいます）。

廁

日 廁 **簡** 厕

`丶亠广广庐庐庐庐庐厕厕`

ㄘㄜˋ / cè

便所

"廁所"（ㄘㄜˋ ㄙㄨㄛˇ つぁすお）は「トイレ」。日本の漢字と簡体字には1画目の「丶」がありません。「トイレ、洗面所」はほかに、"盥洗室""化妝室""洗手間" ともいいます。

號

日 号 **簡** 号

`丨丨ㄇ口号号号号号号號號`

ㄏㄠˋ / はお / hào

番号、日にち、名前・呼び名、印、など

"號碼"（ㄏㄠˋ ㄇㄚˇ はおまぁ）は「番号」。年月日の「～日」という日にちは、話し言葉で「～號」といいます。"自強號"（ㄗˋ ㄑㄧㄤˊ ㄏㄠˋ ずーちゃぁんはお）は台湾鉄道の特急「自強号」（66ページ参照）。

對

日 対 **簡** 对

`丨丨丷丷业业业业业业丵丵對對`

ㄉㄨㄟˋ / どぇい / duì

正しい、～に対する、～に対して、～について、など

"不對"（ㄅㄨˋ ㄉㄨㄟˋ ぶぅどぇい）は「いいえ、違います」。
"對不起"（ㄉㄨㄟˋ・ㄅㄨ ㄑㄧˇ どぇいぶぅちぃ）は「すみません」。

錢

日 銭 **簡** 钱

ノ 人 乍 乍 乍 乍 乍 金 金 金 釒 銭 銭 銭 銭

くーㄢˊ ちえん qián

お金

"換錢"（ㄏㄨㄢˋ ㄑㄧㄢˊ ほわんちえん）は「両替する」。
"多少錢？"（ㄉㄨㄛ ㄕㄠˇ ㄑㄧㄢˊ どぅおしあおちえん）は「いくらですか？」。

點

日 点 **簡** 点

一 ㄇ ㄇ 日 日 甲 里 里 黒 黒 黒 黒 黒 黒 黒 黒 黒 點 點

ㄉㄧㄢˇ でぃえん diǎn

点、〜時、ちょっと、菓子、注文する、など

"〜點鐘"（ㄉㄧㄢˇ ㄓㄨㄥ でぃえんぢょん）は「〜時、時間」。
"一點"（ㄧˋ ㄉㄧㄢˇ いーでぃえん）は「1時、ちょっと」。
"茶點"（ㄔㄚˊ ㄉㄧㄢˇ ちゃーでぃえん）は「茶菓子」。

廳

日 庁 **簡** 厅

、 亠 广 广 广 广 疒 疒 疒 疒 疒 疒 疒 疒
廳 廳 廳 廳 廳 廳 廳 廳 廳

ㄊㄧㄥ てぃン tīng

広間

"餐廳"（ㄘㄢ ㄊㄧㄥ つぁんてぃン）は「レストラン」。
まだれの中だけ残すと、"聽"（聴く）となります。発音も同じです。

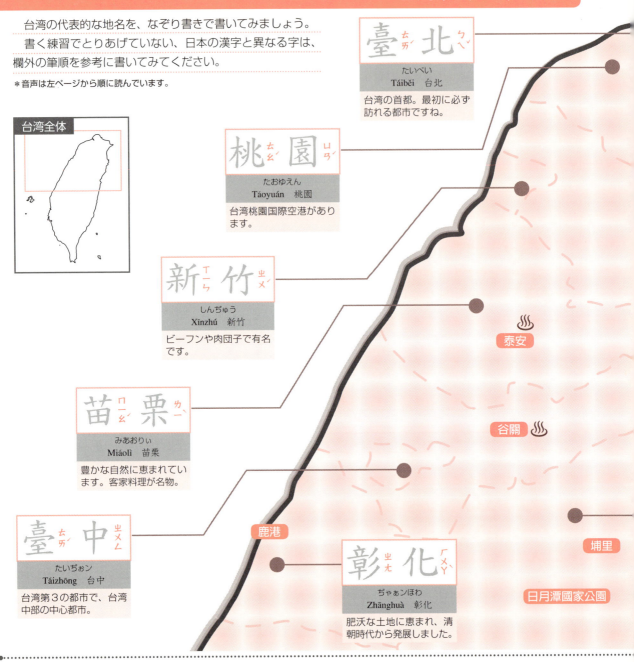

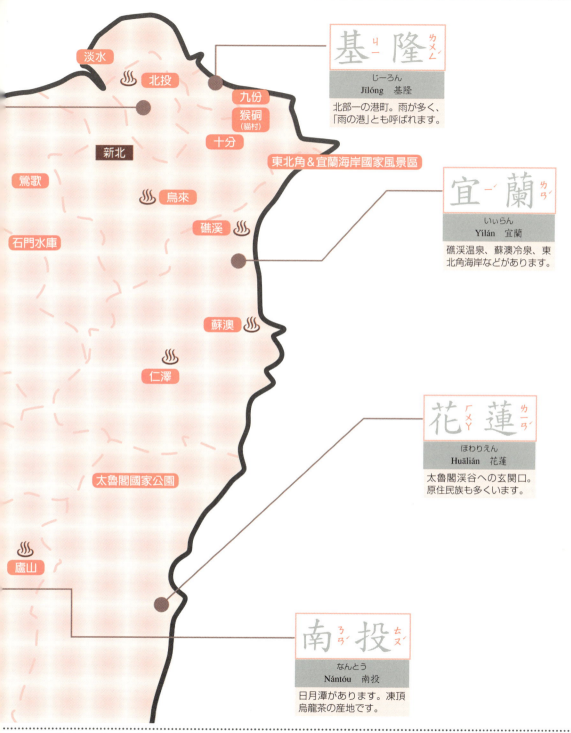

2 日本の漢字と比べてみよう
①日本の新字体との比較

繁体字（正体字）のなかには、日本の新字体を少し変えるだけで書ける字もあります。超楽ちんですね！
とはいっても、微妙に違っているところもあって、あなどれません。
日本の新字体とどこが違うか、一緒に比べながら書いてみましょう。

、厂戸戸

1画目は右下へはらいます。
"窗戸"（ㄔㄨㄤ ㄏㄨˋ ちゅあんふぅ）は「窓」。

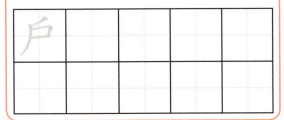

、ク勺匀包

中は「己」ではなく"巳"です。"包子"（ㄅㄠ・ㄗ ばおづ）は「中華まんじゅう」。"錢包"（ㄑㄧㄢˊ ㄅㄠ ちえんばお）は「財布」。

ㄇㄟˊ méi
ない、〜なかった、〜ていない

丶 氵 氵 氵 沒 沒 沒

"沒有"(ㄇㄟˊ ㄧㄡˇ めいよう)は「ない、〜なかった、〜ていない」。簡体字と同じ形"没"も、異体字として認められています。

ㄅㄨˋ bù
ステップ

丨 ㅏ ㅑ 步 步 步 步

"跑步"(ㄆㄠˇ ㄅㄨˋ ぱおぶぅ)は「ジョギングをする」。「歩く」は"走"といいます。下部は「少」ではありません。

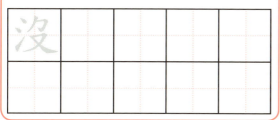

ㄌㄧㄤˇ liǎng
2つ

一 丆 厅 币 而 兩 兩

"兩個人"(ㄌㄧㄤˇ・ㄍㄜ ㄖㄣˊ りあんごぁろぇん)は「2人」。車へんをつけると車の数を数える"輛"(ㄌㄧㄤˋ りあん)。

ㄓˊ zhí
まっすぐである、直接、ずっと など

一 十 十 古 吉 吉 直 直

"一直"(ㄧˋ ㄓˊ いぢー)は「まっすぐに、ずっと」。
"直達"(ㄓˊ ㄉㄚˊ ぢーだー)は「直通の」。

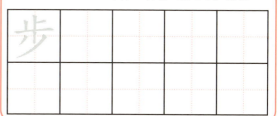
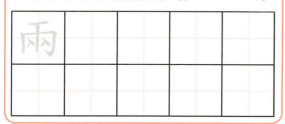
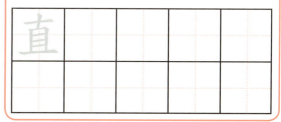

春

日新 春　簡 春

ㄔㄨㄣ chūn

春

一 ニ 三 夫 夫 表 春 春 春

5画目が始まる位置が日本の漢字と違います。
"春天"（ㄔㄨㄣ ㄊㄧㄢ ちゅんてぃえん）は「春」。

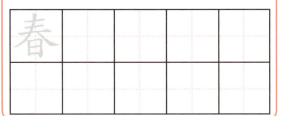

起

日新 起　簡 起

ㄑㄧˇ qǐ

起きる、起こす、立ち上がる、など

一 十 土 キ キ 非 走 起 起 起

右側は「己」ではなく"巳"。"起床"（ㄑㄧˇ ㄔㄨㄤˊ ちーちゅあん）は「起きる」。"一起"（ㄧˊ ㄑㄧˇ いいちー）は「一緒に」。

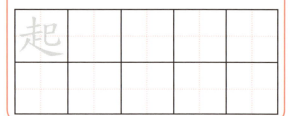

旅

日新 旅　簡 旅

ㄌㄩˇ lǚ

旅

、 亠 ㇇ 方 方 方 方 旅 旅 旅

7画目の左はらいは突き抜けません。8画目ははねます。
"旅行"（ㄌㄩˇ ㄒㄧㄥˊ りゅいしぃん）は「旅行する」。

海

日新 海　簡 海

ㄏㄞˇ hǎi

海

、 ㇀ 氵 汇 汇 海 海 海 海

"母"の中の点が日本の漢字ではつながっています。
"海邊"（ㄏㄞˇ ㄅㄧㄢ はいびぇん）は「海辺」。

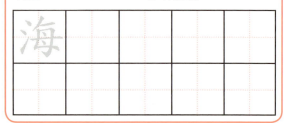

ㄘㄢ cān
加わる、参考とする

ㄣ ㄙ ㄙ ㄙ ㄙ ㄙ 夕 夅 叅 参 参

"参加"（ㄘㄢ ㄐㄧㄚ つぁんじあ）は「参加する」。
"参考"（ㄘㄢ ㄎㄠˇ つぁんかお）は「参考にする」。

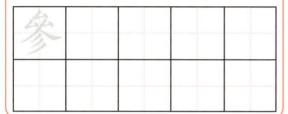

ㄨㄢˇ wǎn
夕方、夜、遅い

丨 冂 日 日 旷 旷 晓 晚 晚 晚

10画目は下まで突き抜けて左にはらいます。
"晚上"（ㄨㄢˇ・ㄕㄤ わんしゃん）は「夜」。

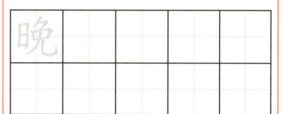

ㄉㄞˋ dài
持つ、携帯する、ベルト

一 十 卄 丗 丗 丗 丗 带 带 带

上部の形に注意。日本の字とも簡体字とも違います。
"外带"（ㄨㄞˋ ㄉㄞˋ わいだい）は「テイクアウトする」。

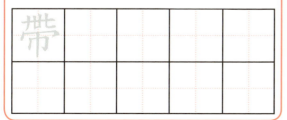

ㄏㄜ hē
飲む

丨 冂 口 口 叩 叩 呾 喝 喝 喝

"喝茶"（ㄏㄜ ㄔㄚˊ ほぁちゃー）は「お茶を飲む」。さんずいに変えたら、"渴"（ㄎㄜˇ こぁ）「喉が渇いている」。

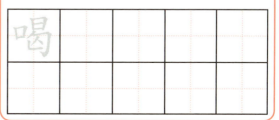

ㄏㄟ hēi
黑い

丨 ㅁ ㅁ ㅁ 日 日 甲 里 里 黑 黑 黑

上部は「里」ではありません。"黑色"（ㄏㄟ ㄙㄜˋ へいそぁ）は「黑」。"黑板"（ㄏㄟ ㄅㄢˇ へいばん）は「黑板」。

ㄏㄨㄚˊ huá
華、光、輝き、栄えている、など

丶 丨 ㅗ ㅛ 世 艹 芹 芒 莽 菙 菙 華

日本と同じ形でも使われますが、厳密には細かくパーツが分かれます。"中華"（ㄓㄨㄥ ㄏㄨㄚˊ ぢょんほわ）は「中華」。

ㄏㄨㄢˋ huàn
換える

一 ナ 扌 扌 扩 捛 捛 捛 挽 換 換

右側の中の形が日本の漢字とも簡体字とも違います。"交換"（ㄐㄧㄠ ㄏㄨㄢˋ じぁおほわん）は「交換する」。

ㄏㄨㄤˊ huáng
黄色い

一 ㅗ ㅛ 世 艹 芒 芇 芇 苪 黃 黃

"黃金週"（ㄏㄨㄤˊ ㄐㄧㄣ ㄓㄡ ほぁんじんぢょう）は「ゴールデンウィーク」。"黃色"（ㄏㄨㄤˊ ㄙㄜˋ ほぁんそぁ）は「黃色」。

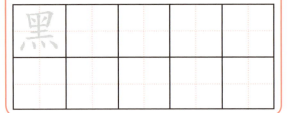

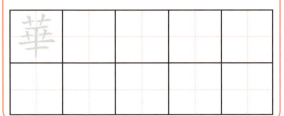

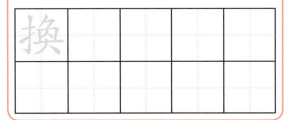

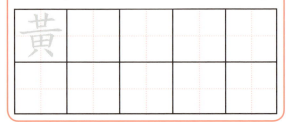

一 丆 币 币 币 币 雷 雷 雷 雷 電

雨かんむりの点の向きが、日本の漢字と微妙に違います。
"電視"（ㄉㄧㄢˋ ㄕˋ でぃえんしー）は「テレビ」。

丨 卜 止 屮 屮 产 产 岸 岸 歳 歳 歳

8、10画目が日本の漢字と違います。
"二十歳"（ㄦˋ ㄕˊ ㄙㄨㄟˋ あーしーすぇい）は「20歳」。

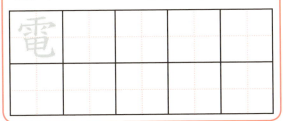
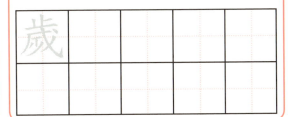

丿 丨 月 月 月 胪 胪 胪 胯 胶 胶 脚 脚

"脚踏車"（ㄐㄧㄠˇ ㄊㄚˋ ㄔㄜ じあおたーちょぁ）は「自転車」。
にくづきをとった"卻"（ㄑㄩㄝˋ ちゅえ）は「却（かえって）」。

一 十 才 オ 术 术 栏 栏 栏 栏 样 样 样 様 様

"一樣"（ㄧˊ ㄧㄤˋ いーやん）は「同じ」。"怎麼樣？"
（ㄗㄣˇ ・ㄇㄜ ㄧㄤˋ ㆆぇんもぁやん）は「どうですか？」。

練 练

りえん liàn
ㄌㄧㄢˋ
練る、練習する

㇒ ㇑ ㇑ ㇑ ㇑ 糸 糸 糸 紀 紀 紳 紳 練 練

右側は「東」ではありません。糸へんの形にも注意しましょう。"練習"（ㄌㄧㄢˋ ㄒㄧˊ りぇんしー）は「練習する」。

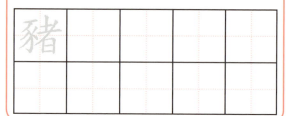

猪 猪

ぢゅう zhū
ㄓㄨ
ブタ

㇐ ㇒ ㇒ ㇒ ㇒ 犭 犭 犭 犭 豺 豺 豬 豬 豬

イノシシではありません。"猪肉"（ㄓㄨ ㄖㄡˋ ぢゅうろぉう）は「豚肉」。けものへんの形が"貓"とは違っています。

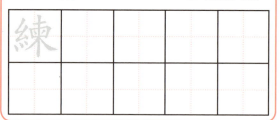

猫 猫

まお māo
ㄇㄠ
ネコ

㇒ ㇒ ㇒ ㇒ 豸 豸 豸 豸 豸 豸 貓 貓 貓
貓

"一隻貓"（ㄧ ㄓ ㄇㄠ いぃぢーまお）は「1匹のネコ」。「ネコ」は"貓咪"（ㄇㄠ ㄇㄧ まおみー）ともいいます。

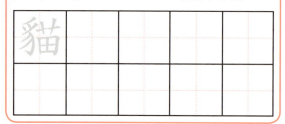

歷 历

りぃ lì
ㄌㄧˋ
経る

㇐ ㇐ ㇐ ㇐ ㇐ 厂 厂 厂 歷 歷 歷 歷 歷
歷

中の上部は「林」ではありません。"歷史"（ㄌㄧˋ ㄕˇ りぃしー）は「歴史」。「暦」は繁体字では"曆"と書きます。

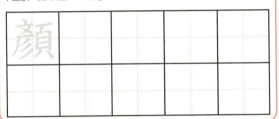 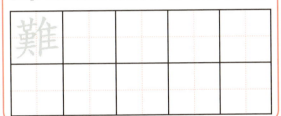

`、 ー ゥ ナ 立 产 产 彦 彦 彦 彦 顏 顏 顏`
顏 顏 顏

3、4画目は交差します。"顏色"(ー弓´ ムさ` いえんそぁ) は「色」。日本語の「顏」は"臉"(カー弓ˇ りえん) といいます。

`一 十 廿 艹 廿 芹 昔 昔 苗 莫 莫 蓳 蓳 蓳`
蓳 蓳 難 難

左の上部が違います。"難過"(3弓´ 《メさ` なんぐぉ) は「つらい」。左側と同じ形を使う字に"漢"などがあります。

 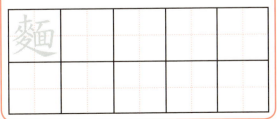

`一 十 土 扌 圹 圹 圹 圷 坤 坤 坤 壊 壊`
壊 壊 壊 壞

"壞人"(ㄏㄨㄞˋ ㄖㄣˊ ほわいろぇん) は「悪人」。りっしんべんにすると"懷"(ㄏㄨㄞˋ ほわい) で「懷、思い」。

`一 十 ナ 土 圥 亦 夾 夾 麥 麥 麫 麫 麫 麵`
麵 麵 麵 麵 麵

11画目の右はらいは、左に突き出さずに書く人も多くいます。"麵包"(ㄇㄧㄢˋ ㄅㄠ みえんばお) は「パン」。

日本の漢字と比べてみよう
②日本の旧字体との比較

繁体字（正体字）には、日本の旧字体と同じ、または近い字がたくさんあります。
普段はめったに触れることのない、日本の旧字体と比べながら書いてみましょう！

兒 　日旧 兒　日新 児　簡 儿
あぁ ér
ㄦˊ
子供、息子

ノ 亻 イ 白 白 白 臼 兒

"兒子"（ㄦˊ・ㄗ あぁづ）は「息子」。アル化＊するときにつけますが、台湾ではあまりアル化はしません。

氣　日旧 氣　日新 気　簡 气
ㄑㄧˋ qì
気体、空気、天気、息、など

ノ 厂 乍 气 气 气 氣 氣 氣 氣

"天氣"（ㄊㄧㄢ ㄑㄧˋ てぃえんちぃ）は「天気」。"不客氣"（ㄅㄨˋ ㄎㄜˋ ㄑㄧˋ ぶぅこぁちぃ）は「どういたしまして」。

アル化…普通話（中国本土の標準語）でよく使う、音節の後に「-r」を加えて語尾で舌を巻く発音。

ㄉㄢ dān
単一の、単独の、簡単な、など

丶 ㄇ ㄇ ㄇ ㄇ 吅 吅 吅 單 單 單 單

"菜單"（ㄘㄞˋ ㄉㄢ つぁいだん）は「メニュー」。
"簡單"（ㄐㄧㄢˇ ㄉㄢ じぇんだん）は「簡単である」。

ㄏㄨㄚˋ huà
絵、（絵を）描く

フ ㄱ ㄱ ㄱ 聿 書 書 書 書 畫 畫

"畫畫"（ㄏㄨㄚˋ ㄏㄨㄚˋ ほわほわ）は「絵を描く」。
"畫家"（ㄏㄨㄚˋ ㄐㄧㄚ ほわじあー）は「画家」。

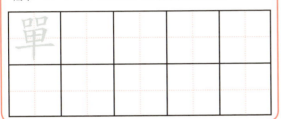

ㄌㄧˇ lǐ
内、（ある場所・時間の）中

丶 ㄱ ㄨ ㄨ ㄨ ネ ネ ネ 祁 祁 裡 裡

"這裡"（ㄓㄜˋ ㄌㄧˇ ちょありぃ）は「ここ」。辞書には"裏"という字もありますが、"裡"の異体字です。

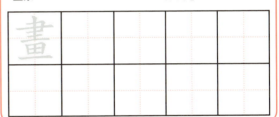

ㄏㄨㄟˋ huì
集会、会う、～できる、～だろう、など

ノ 人 ㄟ ㄟ 合 合 合 合 合 會 會 會

"機會"（ㄐㄧ ㄏㄨㄟˋ じーほぇい）は「機会」。
"晚會"（ㄨㄢˇ ㄏㄨㄟˋ わんほぇい）は「夜のパーティ、宴会」。

29

丿 刀 月 月 月' 月'' 朋'' 朋'' 朋 朋 腦 腦

一 一 厂 冇 冇 自 車 車 車 車 輕 輕 輕 輕

"頭腦"（ㄊㄡˊ ㄋㄠˇ とうなお）は「脳、思考力」。"電腦"
（ㄉㄧㄢˋ ㄋㄠˇ でぃえんなお）は「コンピュータ、パソコン」。

"年輕"（ㄋㄧㄢˊ ㄑㄧㄥ にえんちぃン）は「若い」。
"輕鬆"（ㄑㄧㄥ ㄙㄨㄥ ちぃンそぉン）は「リラックスする」。

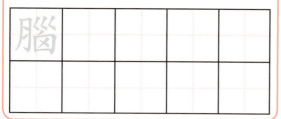
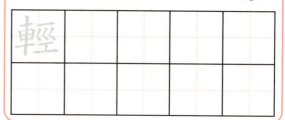

丨 冂 冂 冂 冃 冎 昌 몹 圖 圖 圖 圖 圖

一 十 士 吉 吉 吉 吉 吉 吉 吉 賣 賣 賣

"地圖"（ㄉㄧˋ ㄊㄨˊ でぃーとぅー）は「地図」。"圖書館"
（ㄊㄨˊ ㄕㄨ ㄍㄨㄢˇ とぅーしゅうぐわん）は「図書館」。

上の"士"をとり、低く発音すると"買"（ㄇㄞˇ まい）で「買
う」。ごんべんをつけると"讀"（ㄉㄨˊ どぅー）で「読む」。

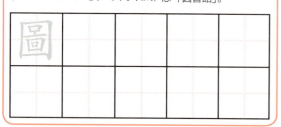

樂

日旧	日新	簡
樂	楽	乐

- ㄌㄜˋ / lè 楽しい
- ㄩㄝˋ / yuè 音楽

ノ ィ ゟ 自 白 伯 甪 柬 泊 樂 樂 樂 樂

"快樂"（ㄎㄨㄞˋ ㄌㄜˋ kuàilè）は「楽しい」。"音樂"（ㄧㄣ ㄩㄝˋ ynyuè）は「音楽」。草かんむりをのせたら、"藥"（薬）。

數

日旧	日新	簡
數	数	数

- ㄕㄨˋ / shù 数
- ㄕㄨˇ / shǔ 数える

丶 ㄇ 日 旦 甲 串 串 婁 婁 婁 數 數 數

"數學"（ㄕㄨˋ ㄒㄩㄝˊ shùxué）は「数学」。右（のぶん）をとって木へんをつけたら"樓"（ㄌㄡˊ ろう）「～階」。

寫

日旧	日新	簡
寫	写	写

- ㄒㄧㄝˇ / xiě （文字を）書く

丶 宀 宀 宁 宇 宵 宵 宵 宜 寫 寫 寫 寫 寫

"寫信"（ㄒㄧㄝˇ ㄒㄧㄣˋ xiěxìn）は「手紙／メールを書く」。
"大寫"（ㄉㄚˋ ㄒㄧㄝˇ dàxiě）は「大文字」。

遲

日旧	日新	簡
遲	遅	迟

- ㄔˊ / chí 遅い、遅れる

一 フ コ 尸 尸 尸 尸 屋 屋 屋 犀 犀 遲 遲 遲

"遲到"（ㄔˊ ㄉㄠˋ chídào）は「遅刻する」。
"遲早"（ㄔˊ ㄗㄠˇ chízǎo）は「遅かれ早かれ」。

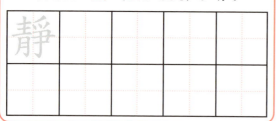

一 二 キ キ キ 青 青 青 青 青 静 静 静 静
靜

"安靜"（ㄢ ㄐㄧㄥˋ あんじぃン）は「静かである」。さんずい
へんに変えたら"乾淨"（きれいである）の"淨"。

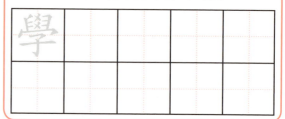

丶 ㄱ ㄣ ㄣˊ ㄣˊ ㄣˊ ㄣˊ ㄣˊ ㄣˊ ㄣˊ 學 學 學
學

"學生"（ㄒㄩㄝˊ ㄕㄥ しゅえしょん）は「学生」。"子"を"見"
に変えたら"覺得"（感じる、思う）の"覺"。

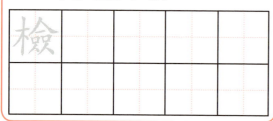

一 十 十 木 木 木 ㄅ ㄅ 松 松 检 檢 檢 檢
檢 檢

"檢查"（ㄐㄧㄢˇ ㄔㄚˊ じぇんちゃあ）は「検査する」。馬へん
にすると"經驗"（経験）の"驗"。

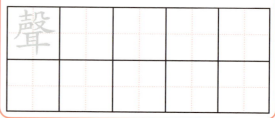

一 十 土 吉 吉 吉 声 声 声 殸 殸 殸 聲 聲
聲 聲

右の上部ははねません。"聲音"（ㄕㄥ ㄧㄣ しょんいん）は「声、
音」。"聲調"（ㄕㄥ ㄉㄧㄠˋ しょんでぃあお）は「声調*」。

声調…中国語などにある音節ごとの音の高低の変化（124ページ参
照）。

日旧	日新	簡
總	総	总

ㄗㄨㄥˇ zǒng

まとめる、統べる、全体の、など

ㄣㄠㄠㄠㄠㄠㄠㄠㄠㄠㄠㄠㄠㄠ
總總

"總統"（ㄗㄨㄥˇ ㄊㄨㄥˇ ヅォンとぉン）は「総統、大統領」。耳へんにすると"聰明"（聡明である）の"聰"。

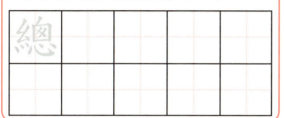

日旧	日新	簡
醫	医	医

ㄧ yī

医者、医学

一ㄠㄠㄠㄠㄠㄠㄠㄠㄠㄠㄠㄠ
醫醫醫

右の上部ははねません。"醫院"（ㄧ ㄩㄢˋ いーゆえン）は「病院」。"醫生"（ㄧ ㄕㄥ いーしょン）は「医者」。

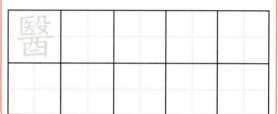

日旧	日新	簡
舊	旧	旧

ㄐㄧㄡˋ jiù

古い

ㄚㄚㄚㄚㄚㄚㄚㄚㄚㄚㄚㄚㄚ
舊舊舊

草かんむりはつなげてもOK。"新舊"（ㄒㄧㄣ ㄐㄧㄡˋ しんじう）は「新旧」。"老舊"（ㄌㄠˇ ㄐㄧㄡˋ らおじう）は「古臭い」。

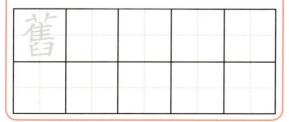

日旧	日新	簡
雞	鶏	鸡

ㄐㄧ jī

にわとり

ㄚㄚㄚㄚㄚㄚㄚㄚㄚㄚㄚㄚ
雞雞雞

右側は「鳥」ではありません。"雞蛋"（ㄐㄧ ㄉㄢˋ じーだン）は「たまご」。"雞肉"（ㄐㄧ ㄖㄡˋ じーろょう）は「鶏肉」。

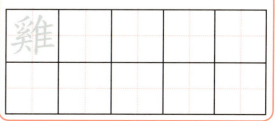

 | 關 関 关
ぐわん guān
閉める、関所、関係する、など

丨冂冂冂冂門門門門門門闁闁闁闁
關關關關

"關門"（ㄍㄨㄢ ㄇㄣˊ ぐわんめん）は「ドアを閉める」。
"沒關係"（ㄇㄟˊ ㄍㄨㄢ・ㄒㄧˋ めいぐわんしー）は「大丈夫」。

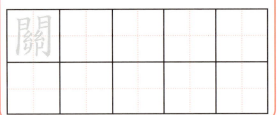

 | 邊 辺 边
びえん biān
周辺、縁、境界、など

ノ丶白白白自自自鼻鼻鼻臱臱臱
臱邊邊邊

しんにょうは１点でOK。"旁邊"（ㄆㄤˊ ㄅㄧㄢ ぱぁんびえん）は「そば」。"這邊"（ㄓㄜˋ ㄅㄧㄢ ぢょぁびえん）は「こちら側」。

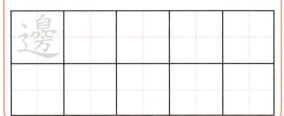

 | 鹹 鹹 咸
しえん xián
塩辛い

丨卜卜卜占占卤卤卤卤鹵鹵鹹鹹
鹹鹹鹹鹹

"鹹味"（ㄒㄧㄢˊ ㄨㄟˋ しえんうぇい）は「塩味」。
"鹹菜"（ㄒㄧㄢˊ ㄘㄞˋ しえんつぁい）は「漬物」。

 | 鐵 鉄 铁
てぃえ tiě
鉄

ノ𠂉ㄨ𠂉乍午年金金針針鉄鉄鉄
鐵鐵鐵鐵鐵鐵

"地鐵"（ㄉㄧˋ ㄊㄧㄝˇ でぃーてぃえ）は「地下鉄」。
"鐵路"（ㄊㄧㄝˇ ㄌㄨˋ てぃえるぅ）は「鉄道」。

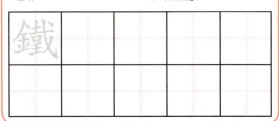

日旧		日新	簡
歡		歓	欢

ㄏㄨㄢ　ほわん　huān

うれしい、喜ぶ

`　　 ＋ ＋ ＋ ＋ ＋ ＋ ＋ ＋ ＋ ＋ ＋ ＋`
華 華 華 雚 雚 歡 歡

"喜歡"（ㄒㄧˇ ㄏㄨㄢ しーほわん）は「好きである」。"欠"を"見"に変えたら、"觀光"（観光する）の"觀"。

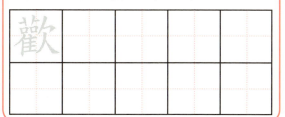

日旧		日新	簡
體		体	体

ㄊㄧˇ　てぃー　tǐ

体

`丨 口 口 日 丹 骨 骨 骨 骨 骨 骨 骨`
體 體 體 體 體 體 體

"身體"（ㄕㄣ ㄊㄧˇ しぇんてぃー）は「体」。
"體育"（ㄊㄧˇ ㄩˋ てぃーゆぃ）は「体育、スポーツ」。

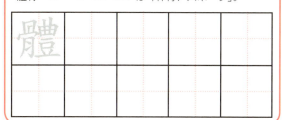

日旧		日新	簡
變		変	变

ㄅㄧㄢˋ　びえん　biàn

変わる、変える

`丶 亠 ナ キ 言 言 信 結 結 結 結 緕`
緣 緣 緣 孌 孌 孌 變 變

"變化"（ㄅㄧㄢˋ ㄏㄨㄚˋ びえんほわ）は「変化する」。
"改變"（ㄍㄞˇ ㄅㄧㄢˋ がいびえん）は「変わる、変える」。

日旧		日新	簡
鹽		塩	盐

ㄧㄢˊ　いえん　yán

塩

`一 厂 卩 弓 臣 臣 臣 臥 臥 臨 臨 臨`
臨 臨 臨 鹽 鹽 鹽 鹽 鹽

「塩」は"鹽巴"（ㄧㄢˊ ㄅㄚ いえんばぁ）ともいいます。
"食鹽"（ㄕˊ ㄧㄢˊ しーいえん）は「食塩」。

❷ 日本の漢字と比べてみよう

③日本では見かけない字

台湾で普段よく使われている字には、日本ではあまり見かけない字もあります。

呢　のぁ　ne
（疑問の語気や文中のポーズを表す）

丨 冂 口 口' 口⁻ 吖 呢 呢

"你呢？"（ㄋㄧˇ・ㄋㄜ にぃのぁ）は「あなたは？」。"然後呢？"（ㄖㄢˊ ㄏㄡˋ・ㄋㄜ らんほうのぁ）は「それから？、それで？」。

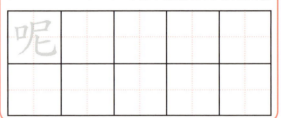

姉　姐
ㄗˇ　zǐ　姉、女性
ㄐㄧㄝˇ　jiě　（"姉姉"はこの発音）

ㄑ ㄠ 女 女⁻ 女⁻ 妨 姉 姉

"姉姉"（ㄐㄧㄝˇ・ㄐㄧㄝ じえじえ）は「姉」。若い女性への敬称の場合は"小姉"とは書かず、"小姐"と書きます。

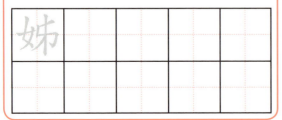

珈　咖
ㄎㄚ　kā
（外来語の音の表記に用い、意味は特にない）

丨 冂 口 叮 叻 咖 咖

"咖啡"（ㄎㄚ ㄈㄟ かぁふぇい）は「コーヒー」。
"咖哩"（ㄎㄚ ㄌㄧˇ かぁりぃ、がぁりぃとも読む）は「カレー」。

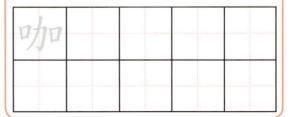

ㄨㄟˊ うぇい wéi もしもし
ㄨㄟ˙ うぇい wèi おい

丶一ㄏㄇㄖ呵呵呷哩喂喂喂

語尾を上げて読むと「もしもし」に、語尾を下げて読むと「おい」になります。

ㄊㄧ てぃー tī 蹴る

丶一ㄇㄚ ㄚˊ ㄩˇ ㄩˋ 跙 跙 跙 跙 踢 踢 踢

"踢足球"（ㄊㄧˉ ㄗㄨˊ ㄑㄧㄡˊ てぃーずぅちぅ）は「サッカーをする」（82ページ参照）。

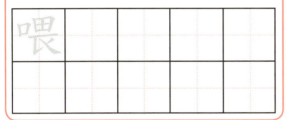

ㄎㄨˋ くぅ kù ズボン

丶ㄱㄜ ㄜ ㄜˇ ㄜˋ 衤 衤 衤 袴 袴 褲 褲

"褲子"（ㄎㄨˋ・ㄗ くぅつ）は「ズボン」。"庫"を"君"に変えたら、"裙子"（スカート）の"裙"。

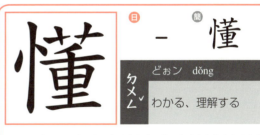

ㄉㄨㄥˇ どぉん dǒng わかる、理解する

丶ㄐㄐㄐㄐㄐㄐ懂懂懂懂懂懂懂

"不懂"（ㄅㄨˋ ㄉㄨㄥˇ ぶぅどぉん）は「わからない」。"看懂"（ㄎㄢˋ ㄉㄨㄥˇ かんどぉん）は「（見て・読んで）わかる」。

37

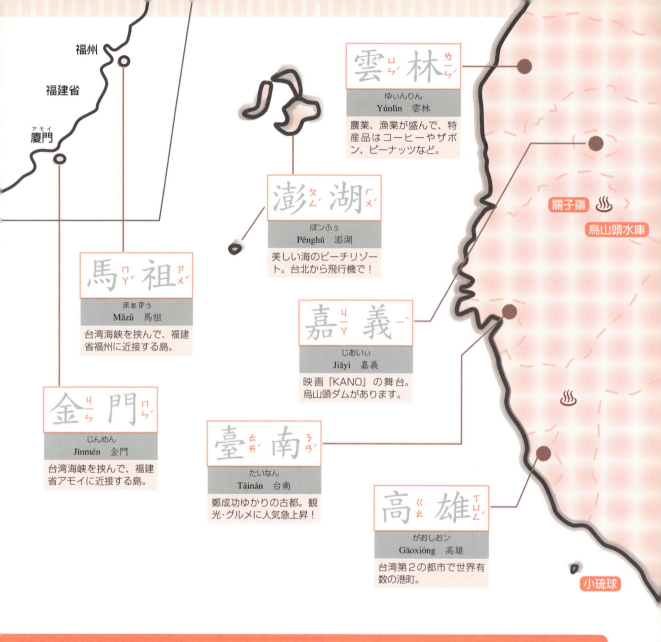

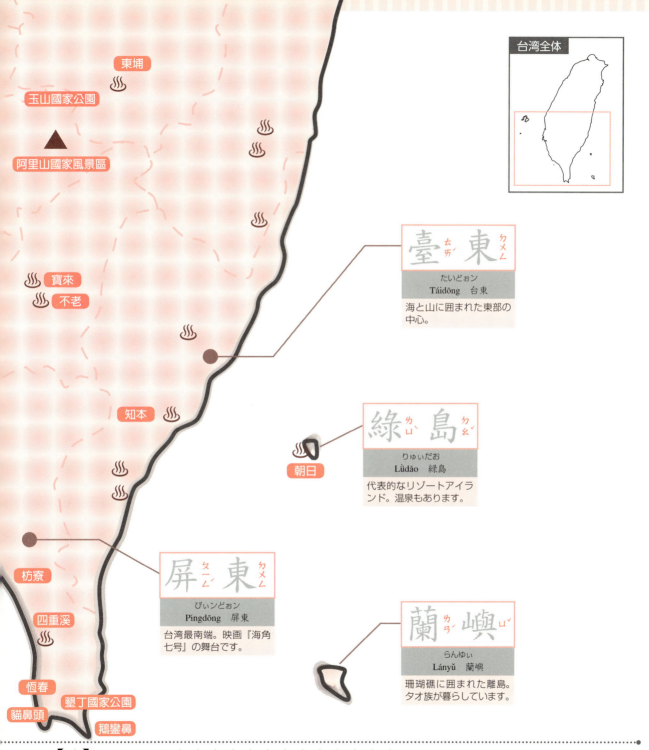

簡体字と比べてみよう

最初に簡体字から中国語の勉強を始めた人も多くいると思います。
簡体字と繁体字は似ているものもありますが、まったく別物になっているものも多くて困りますね。
簡体字に慣れているとまったく読めない！という字を集めました。

 簡 这 日 這
ㄓㄜˋ zhè
これ、この

丶 亠 ㅜ 言 言 言 言 言 訁 這 這

"這個"（ㄓㄜˋ・ㄍㄜ˙ ぢょぁごぁ）は「これ、この」。
"這麼"（ㄓㄜˋ・ㄇㄜ˙ ぢょぁもぁ）は「こんなに」。

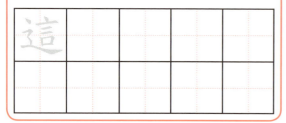

 簡 几 日 幾
ㄐㄧˇ jǐ
いくつ

丿 幺 幺 幺ˊ 幺幺 幺幺 幺幺ˊ 幾 幾 幾

"幾個"（ㄐㄧˇ・ㄍㄜ˙ じぃごぁ）は「何個」。
"幾歲"（ㄐㄧˇ ㄙㄨㄟˋ じぃすぇい）は「何歳」。

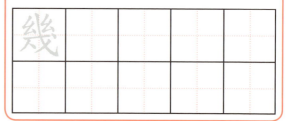

網

簡 网　日 網

ㄨㄤˇ　わん wǎng

ネット、網

⺾ ⺾ 幺 幺 糸 糸 紀 紀 紀 網 網 網 網

"網路"（ㄨㄤˇ ㄌㄨˋ わぁんるぅ）は「インターネット」。"上網"（ㄕㄤˋ ㄨㄤˇ しゃぁんわぁん）は「インターネットをする」。

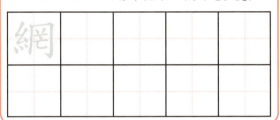

麼

簡 么　日 -

˙ㄇㄜ　もぁ me

（疑問を表したり、リズムを整える接尾語）

丶 亠 广 广 庁 庁 庐 府 府 麻 麻 麼 麼

"什麼"（ㄕㄣˊ ˙ㄇㄜ しぇんもぁ）は「なに」。"么"もあり、例えば"老么"（末っ子）など。中は"林"と書く人もいます。

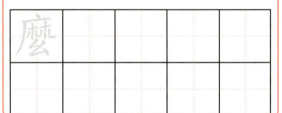

辦

簡 办　日 辦（弁）

ㄅㄢˋ　ばん bàn

する、やる、処理する、など

丶 亠 亠 立 立 辛 釆 勃 勃 辦 辦 辦 辦 辦
辦

"辦公室"（ㄅㄢˋ ㄍㄨㄥ ㄕˋ ばんごぉんしー）は「事務室」。
"辦理"（ㄅㄢˋ ㄌㄧˇ ばんりぃ）は「処理する」。

幫

簡 帮　日 幫

ㄅㄤ　ばぁん bāng

助ける、手伝う、など

一 十 土 圭 圭 圭 圭 封 封 封 封 幇 幇 幫 幫
幫 幫

"幫忙"（ㄅㄤ ㄇㄤˊ ばぁんまぁん）または"幫助"（ㄅㄤ ㄓㄨˋ ばぁんぢゅう）は、「助ける、手伝う」。

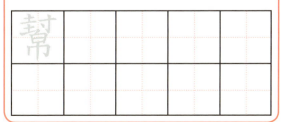

簡体字では1字なのに、繁体字ではいくつかに使い分ける字があります。

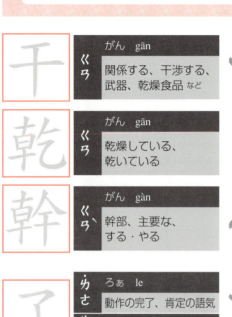

gān/gàn

"干涉"「干涉する」、
"乾淨"「清潔だ」、
"能幹"「よくできる、能力がある」
というように、繁体字では3つの字を使い分けますが、簡体字では1字に統合されました。
「何の用？　なにしてるの？」という意味の中国語は、簡体字では"干吗"、繁体字では"幹嗎"と書きますが、台湾では"幹嘛"と書きます。

le/liǎo

「了解する、理解する、わかる」という意味の中国語は、台湾では"了解"とも"瞭解"ともどちらも使われています。中国本土では"了解"と書きます。

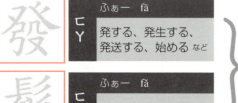

发

fā/fà

"出發"「出発する」、"發生"「発生する」、"頭髮"「頭髪」、"洗髮"「髪を洗う」というように、繁体字では使い分けます。

筆順メモ　【發】ノ ⺀ ⺂ ⺂ ⺂ 癶 癶 癶 発 発 發 發

繁体字	発音・意味	簡体字
後	ほう hòu／後ろ、（時間的に）あと	后 hòu
后	ほう hòu／皇后	

「後ろ」という意味の中国語は、繁体字では"後面"、簡体字では"后面"と書きます。
　台湾で使う繁体字の"后"は「皇后」の意味もあります。

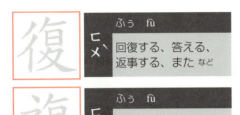 

| 復 | ふう fù／回復する、答える、返事する、また など | 复 fù |
| 複 | ふう fù／重複する、複数の、複雑である | |

"恢復"「元の状態に戻る、回復する」
"重複"「重複する」、
"複雜"「複雑である」
というように繁体字では使い分けます。
　「復習する」は"複習"とも"復習"とも書きます。

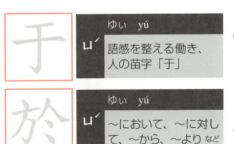

| 于 | ゆい yú／語感を整える働き、人の苗字「于」 | 于 yú |
| 於 | ゆい yú／〜において、〜に対して、〜から、〜より など | |

「等しい」という意味の中国語は、簡体字では"等于"ですが、繁体字で書くと"等於"になります。
　"于"は台湾では苗字として使うことが多く、例えば"于先生"（男性の于さん）です。

　「つながる、つなげる」という意味の字は"聯"（簡体字は"联"）と書き、「連絡する」という意味の中国語は繁体字で"聯絡"（簡体字は"联络"）と書きます。しかし台湾では日常的に"連絡"も使われています。
　このように、繁体字と簡体字、さらには日本語の表記も影響し合って、新しい書き方もどんどん生まれています。

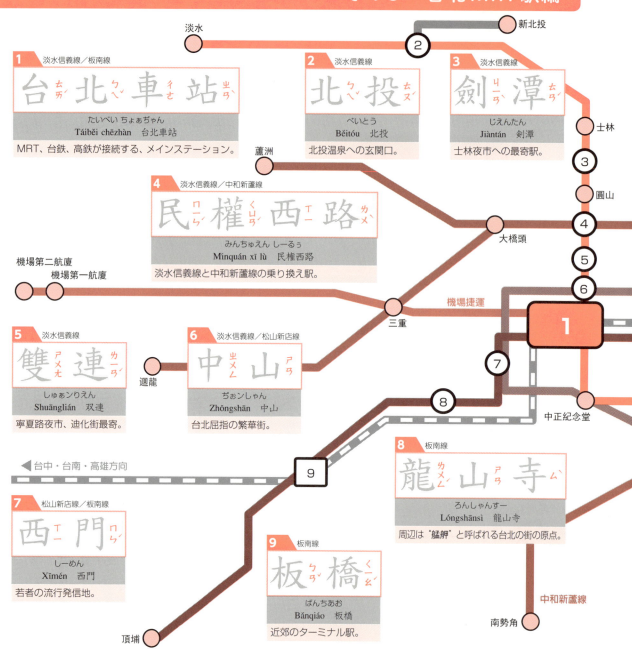

台北市内を走る地下鉄MRTは"捷運"（ㄐㄧㄝˊㄩㄣˋ じえゆいん）といい、生活・仕事・観光になくてはならない交通機関です。台北市内の主要な駅名をなぞり書きしてみましょう。　＊音声は1から順に読んでいます。

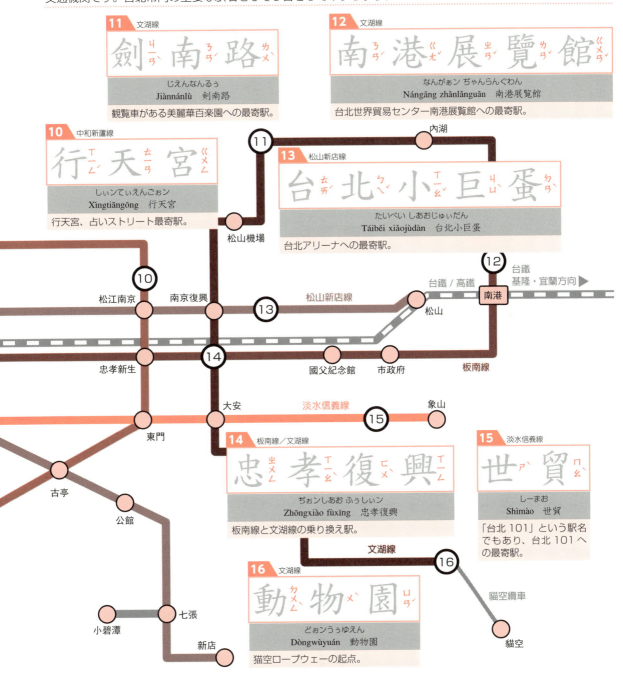

【劍】ノ𠂉ㄑㄑ𠂉ㄑㄑ全全全金金金金劍劍

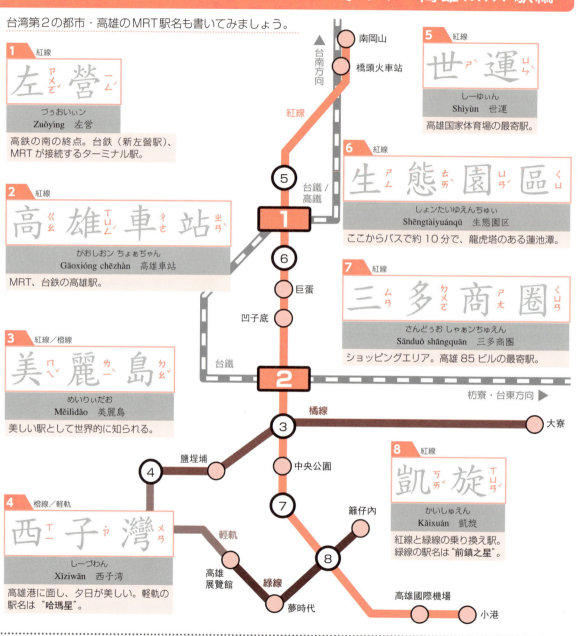

2つの「月」…にくづきと月

　ここまで繁体字を書いてみて、日本の漢字と微妙に違うな、というところがありましたね。例えば、草かんむりが2つに分かれるところ、糸へんの下部が3つの点になるところ、雨かんむりの中の点の向きが違うところ……などなど。

　このような多くの微妙な違いの中で、日本人のみなさんに知っていただきたい違いがあります。それは「にくづき」と「月」の違いです。

　日本の漢字では、「にくづき」も「月」も、どちらも同じ「月」の形をしています。つまり中の横線をまっすぐに書く形です。

　しかし繁体字では、「月」は同じ"月"ですが、「にくづき」は"月"、中は「ン」の形にして書きます。

「にくづき」は「肉」からできた部首で、身体に関係するものを表す漢字につきます。

腳 體 腦 肚 育 肥 胃 背 能 脫 など

「つき」はそのまま「月」で、月に関係するものを表す漢字につきます。

有 朋 期 朗 など

　なお、"服""朝""朕"のように、月に関係ないように見える字でも"月"と同じ形で書くものがあります。これらはさらに遡ると"舟"に由来する字で、現在では繁体字でも"月"の形で書きます。

　実際に手書きするときには、きちんと書き分けなくても通じますが、こうした違いを知ることで、普段使っている漢字に隠された意味や由来を知ることができるのは、とてもおもしろいですね。

「しんにょう」は、点が2つある場合があります。標準の字体としては、点は1つと定められているのですが、印刷用の書体の中には、点が2つつくものもあるからです。ほかにも、草かんむりの形など、印刷書体によっては異なる場合があります。みなさんが覚えるときには、まず標準の字体で覚えておいてください。

ちょっと挑戦！ 台湾人でも書けない字を書いてみよう！

　お恥ずかしいですが、授業中にいざ質問されると、字を書けない場合もあります。あまり使わない字というわけではないのに、どうしても頭にピンと来ません。パソコンのせいでしょうか？　どうも漢字が書けなくなった気が毎日しています。

　そこで、ここまでは台湾華語でもっとも基本となる字を書いていただきましたが、ちょっと挑戦！ということで、「身近な言葉なのに、台湾人でさえも書けない字」を書いてみましょう。

　もし日本人がこれらの字を書けるなら、台湾の人もビックリ！　なぞり書きで挑戦してみてください。

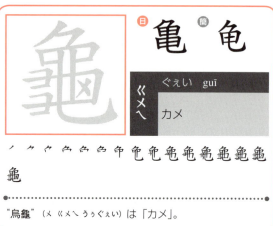

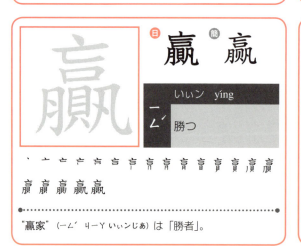

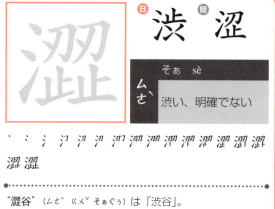

日 嚔 簡 嚏
てぃ tì
ㄊㄧˋ
くしゃみ

丶 丨 口 ロ⁺ ロ⁺ 吁 吁 吁 吁 嚓 嚓 嚔 嚔 嚔 嚔

"打噴嚔"（ㄉㄚˇ ㄆㄣ ㄊㄧˋ だぁ ぺんてぃ）は「くしゃみをする」。

日 鴦 簡 鸯
やぁん yāng
ㄧㄤ
"鴛鴦"で「オシドリ」
（"鴛"はオス、"鴦"はメスを表し、一緒に使う）

丶 丨 口 ㅂ 央 央 夬 夳 盇 叠 鴦 鴦 鴦 鴦 鴦

"鴛鴦鍋"（ㄩㄢ ㄧ ㄍㄨㄛ ゆえんやぁんぐお）は「紅白の火鍋」。

日 竄 簡 窜
つわん cuàn
ㄘㄨㄢˋ
書き改める、ごまかす、慌てて逃げる

丶 丷 宀 宀 宀 宀 宀 容 容 窜 窜 窜 竄 竄 竄

"竄改"（ㄘㄨㄢˋ ㄍㄞˇ つわんがい）は「改竄（ざん）する」。

日 竊 簡 窃
ちえ qiè
ㄑㄧㄝˋ
盗む、こっそりと

丶 丷 宀 宀 宀 宀 宍 宍 穷 穷 穷 竊 竊 竊 竊 竊 竊 竊

"偷竊"（ㄊㄡ ㄑㄧㄝˋ とうちえ）は「盗む」。

日 釁 簡 衅
しん xìn
ㄒㄧㄣˋ
仲違い、不和、争い

丨 冂 冃 月 月 冐 冐 冐 冐 冐 冐 冐 舁 興 興 興 釁 釁 釁 釁 釁 釁 釁 釁

"挑釁"（ㄊㄧㄠˇ ㄒㄧㄣˋ てぃあおしん）は「言いがかりをつける」。

日 籲 簡 吁
ゆい yù
ㄩˋ
叫ぶ

丿 ㄑ 亠 ⺮ ⺮ ⺮ ⺮ 笁 笁 笁 笁 笁 笁 筲 筲 籥 籥 籲 籲 籲

"呼籲"（ㄏㄨ ㄩˋ ふぅゆい）は「呼びかける、アピールする」。

略字も使います！

　日本でも「曜」を「旺」と書いたり、「第」を「才」と書いたりしますね。看板や高速道路の標識なども、見やすくするために略字にすると聞きました。

　これを聞き、台湾ではどうだろうか？と思い、さっそく、"台北市交通管制工程處"（台北市の交通を管轄する部署）に電話で尋ねてみました。すると、道の看板なら繁体字（正体字）を使うが、地面に書く場合には略字を使う時もあるということでした。例えば、"彎道"（カーブの道）の"彎"は、"弯"と書くという具合です。

　じつは、台湾人は日常的に字を書く時にも略字を使います。なかには、日本の漢字や簡体字と同じ形のものもあるので、比べてみましょう。

繁体字（正体字）	略字
國	国（日本の漢字と同じ）
號	号（日本の漢字と同じ）
辭	辞（日本の漢字と同じ）
轉	転（日本の漢字と同じ）
傳	伝（日本の漢字と同じ）
對	对（簡体字と同じ）
優	优（簡体字と同じ）
點	奌
寫	写
數	攵

Unit 2
日常のことばを書いてみよう！

　台湾と台湾華語にまつわる、いろいろなことばをなぞり書きしましょう。

　「雑学編」では、観光地の名前や原住民族の名前、台湾の有名企業や著名人など、プチ情報になりそうなことばや名前をあげました。

　「日常編」では、食べ物、飲み物、街なかのさまざまな施設、日常生活用品など、旅行でも使いそうな身近なものをあげました。

　ここで書くことにちょっと慣れたら、ぜひ台湾旅行に行って、身の回りにある気になることばを書いてみませんか？　いろいろな表現方法があっておもしろいですよ！

＊音声は原則として左ページから、左上→右下の順に読んでいます。

雑学編① 空港と空港内の施設

台湾への玄関となる空港。主要空港と、空港内の設備や案内板のことばを書いてみましょう。

台湾の主要空港

"機場"（ㄐㄧˇㄔㄤˇ じーちゃぁん）は「空港」。"飛機"（ㄈㄟㄐㄧ ふぇいじー）「飛行機」+"場"（ㄔㄤˇ ちゃぁん）「場所」のことです。

（臺北） 松（ㄙㄨㄥ ムㄥ）山（ㄕㄢ アㄢ）機（ㄐㄧ ㄐㄧ）場（ㄔㄤˇ ㄔㄤˇ）
（たいぺい） そぉんしゃん じーちゃぁん
(Táiběi) Sōngshān jīchǎng 　台北松山空港
台北市内にあり、台北中心部へ便利。

（臺灣） 桃（ㄊㄠˊ）園（ㄩㄢˊ）（國際） 機（ㄐㄧ）場（ㄔㄤˇ）
（たいわん） たおゆぇん （ぐおじぃ） じーちゃぁん
(Táiwān) Táoyuán (guójì) jīchǎng 　台湾桃園国際空港
台湾最大の空の玄関口。国際線・国内線乗り継ぎ、台湾各地への直通バスも。

高（ㄍㄠ）雄（ㄒㄩㄥˊ）（國際） 機（ㄐㄧ）場（ㄔㄤˇ）
がおしおん （ぐおじぃ） じーちゃぁん
Gāoxióng (guójì) jīchǎng 　高雄国際空港
南部の玄関口。高雄中心部からMRTで15分程度でアクセス。"小港機場"ともいいます。

▲桃園國際機場

航（ㄏㄤˊ）廈（ㄒㄧㄚˋ）
はぁんしゃあ
hángxià
空港ターミナルビル

桃園空港には2つのターミナルがあり、第1ターミナルは"一航"（ㄧ ㄏㄤˊ いーはぁん）、第2ターミナルは"二航"（ㄦˋ ㄏㄤˊ あぁはぁん）と略していいます。

機（ㄐㄧ）場（ㄔㄤˇ）捷（ㄐㄧㄝˊ）運（ㄩㄣˋ）
じーちゃぁん じえゆぃん
jīchǎng jiéyùn 　MRT空港線
台北駅と桃園空港を結ぶMRT。所要時間は直通車で約35分、普通車で約50分。

筆順メモ
【經】 ⼄ ⼄ ⼄ ⼄ ⼄ 糸 糸 糽 経 経 経 經
【濟】 丶 冫 氵 氵 氵 氵 沙 汸 济 济 济 济 濟 濟 濟 濟

空港の設備や案内板など

入境／出境檢查
ろぅーじぃン／ちゅうじぃン じえんちゃあ
rùjìng/chūjìng jiǎnchá　入国／出国審査

接機大廳
じえじーだぁてぃン
jiējī dàtīng　到着ロビー

報到櫃檯
ばおだお ぐえいたい
bàodào guìtái　チェックインカウンター

轉機
ぢゅわんじー
zhuǎnjī　乗り継ぎ

登機門
でぅンじーめん
dēngjīmén　搭乗口

海關
はいぐわん
hǎiguān　税関

經濟艙
じぃンじぃつぁぁン
jīngjì cāng　エコノミークラス

商務艙
しゃあンうぅつぁぁン
shāngwù cāng　ビジネスクラス

その他の施設など

旅客服務中心
りゅぃこぁ ふぅうぅ ぢぉンしん
カスタマーサービスセンター

劃位入口
ほわうぇい ろぅこう
チェックイン入口

貴賓室
ぐぇいびんしー
VIPルーム

手推車
しょうとぅえいちょぁ
カート

停車場
てぃンちょぁちゃン
駐車場

巴士乘車處
ばぁしー ちょンちょぁちゅう
バス乗り場

機場巴士
じーちゃぁン ばぁしー
空港リムジンバス

【櫃】一十十才木朾朾柜枦椢椢椢椢椢櫃櫃櫃
【處】丨ト卢卢庐庐虎虎處處處

雑学編② 台北の観光地

台北の主な観光地と、人気の夜市をあげました。行きたい地名を書いてみましょう。

故宮博物院
ぐぅごぉン ぼぉうぅゆえん
Gùgōng bówùyuàn　故宮博物館（故宮）

"翠玉白菜"（翡翠白菜）などで知られる、世界有数の博物館。

▲故宮博物院

忠烈祠
ぢょンりえつー
Zhōnglièci　忠烈祠

衛兵の交代式が人気です。

信義商圏
しんいー しゃぁンちゅえん
Xìnyì shāngquān　信義商圏

台北101に隣接する、最新のショッピングエリア。

迪化街
でぃーほわじえ
Díhuà jiē　迪化街

乾物食品ショッピングストリート。

霞海城隍廟
しあはい ちょンほあンみあお
Xiáhǎi chénghuángmiào　霞海城隍廟

縁結びの神様、月下老人を祀っています。

▲台北101

五分埔
うぅふぇんぷぅ
Wǔfēnpǔ　五分埔

ファッションアイテムが格安で手に入る服飾問屋街。

貓空纜車
まおこぉン らんちょぁ
Māokōng lǎnchē　猫空ロープウェイ

全長約4km。絶景が楽しめるほか、頂上の猫空はお茶の産地として有名で、おいしい茶芸館が並びます。

▲貓空纜車

その他の台北の観光地

總統府
ぞぉんとぉんふぅ
総統府

中正紀念堂
ぢょンぢょン じぃにえんたぁン
中正（蔣介石）記念堂

國父紀念館
ぐおふぅ じぃにえんぐわん
国父（孫文）記念館

花博公園
ほわぼぉ ごぉンゆえん
花博公園

 筆順メモ 【博】一十十十十广广声博博博博

台北の夜市

士林夜市
しーりん いえしー
Shìlín yèshì　士林夜市

最大規模の夜市。

饒河夜市
ろぁおほぁ いえしー
Ráohé yèshì　饒河夜市

胡椒餅などのグルメと生活雑貨で人気。

▲士林夜市

その他の台北の夜市

臨江街夜市	華西街夜市	雙城街夜市	公館夜市
りんじぁんじえ いえしー	ほわしーじえ いえしー	しゅあんちょんじえ いえしー	ごぉんぐわん いえしー
臨江街夜市	華西街夜市	雙城街夜市	公館夜市

地方の夜市

逢甲夜市
ふぉんじあ いえしー
Féngjiǎ yèshì　逢甲夜市〈台中〉

花園夜市
ほわゆえん いえしー
Huāyuán yèshì　花園夜市〈台南〉

六合夜市
りうほぁ いえしー
Liùhé yèshì　六合夜市〈高雄〉

六合夜市と▶
人気の木瓜牛奶（パパイヤミルク）店

その他の地方の夜市

基隆夜市	文化路夜市	中華街夜市	羅東夜市
じーるぉん いえしー	うぇんほわるぅ いえしー	ぢょんほわじえ いえしー	るおどぉん いえしー
基隆夜市〈基隆〉	文化路夜市〈嘉義〉	中華街夜市〈高雄〉	羅東夜市〈宜蘭〉

【饒】ノ ケ ナ 亠 今 今 育 育 育 食 飠 飠 飠 飠 饒 饒 饒 饒

雑学編③ 台湾の原住民族

台湾には、大陸から移住した人のほかに、多数の民族が暮らしています。台湾政府が認可している 16 の原住民族の名称です。

阿ㄚ美ㄇㄟ族ㄗㄨ
あぁめいずぅ
Āměi zú　アミ族
最多人口。主に東部に居住。

泰ㄊㄞ雅ㄧㄚ族ㄗㄨ
たいやぁずぅ
Tàiyǎ zú　タイヤル族
主に北中部山間部に居住。

排ㄆㄞ灣ㄨㄢ族ㄗㄨ
ぱいわんずぅ
Páiwān zú　パイワン族
主に南部と東部に居住。

布ㄅㄨ農ㄋㄨㄥ族ㄗㄨ
ぶぅのぉんずぅ
Bùnóng zú　ブヌン族
主に中東部山間部に居住。

卑ㄅㄟ南ㄋㄢ族ㄗㄨ
ぺいなんずぅ
Pēinán zú　プユマ族
主に台東周辺に居住。

魯ㄌㄨ凱ㄎㄞ族ㄗㄨ
るぅかいずぅ
Lǔkǎi zú　ルカイ族
主に南部と東部に居住。

鄒ㄗㄡ族ㄗㄨ
ずぉうずぅ
Zōu zú　ツォウ族
主に中部山間部に居住。

賽ㄙㄞ夏ㄒㄧㄚ族ㄗㄨ
さいしあずぅ
Sàixià zú　サイシャット族
主に新竹、苗栗付近の山間部に居住。

雅ㄧㄚ美ㄇㄟ族ㄗㄨ
やぁめいずぅ
Yǎměi zú　ヤミ族
蘭嶼島に居住。"達悟族"（タオ族）ともいいます。

阿美族

筆順メモ　【雅】　一ｒｒ ｙ ｙ' ｙ'' 邪 邪 邪 雅 雅 雅

② 台湾の原住民族

邵族
しゃおずう
Shào zú　サオ族
日月潭周辺に居住。

噶瑪蘭族
がぁまぁらんずう
Gémǎlán zú　カバラン族（クバラン族）
主に東部海岸部に居住。

太魯閣族
たいるぅごぁずう
Tàilǔgé zú　タロコ族
主に花蓮周辺に居住。

撒奇萊雅族
さーちーらいやーずう
Sāqíláiyǎ zú　サキザヤ族
主に花蓮周辺に居住。

賽德克族
さいどぁこぁずう
Sàidékè zú　セデック族
主に中部と東部に居住。

拉阿魯哇族
らーあーるぅわーずう
Lā'ālǔwā zú　サアロア族
高雄周辺に居住。

卡那卡那富族
かぁなぁかぁなぁふうずう
Kǎnàkǎnàfù zú　カナカナブ族
高雄周辺に居住。

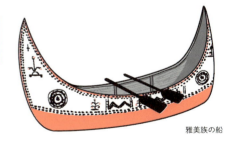
雅美族の船

中国大陸から移住してきた人々

福佬人 ／ 閩南人
ふぅらおろぁん　／　みんなんろぁん
ホーロー人　／　閩南人
（福建省あたりから移住してきた人々。
"河洛人"とも書きます。）

客家人
こぁじあろぁん
ハッカ人
（広東省あたりから
移住してきた人々）

本省人
べんしょんろぁん
本省人
（1945年以前から台湾
に住んでいた人々）

外省人
わいしょんろぁん
外省人
（第2次大戦後に台湾へ
渡ってきた人々）

【徳】ノクイ彳彳彳徒徔徔徳徳徳徳徳徳

雑学編 ④ 台湾の有名企業・メーカー

旅行でもお世話になることがある、台湾の有名企業です。

台湾の主な航空会社

中華航空
ぢょんほわ はぁんこぉん
Zhōnghuá hángkōng　チャイナエアライン
略称は"華航"。

長榮航空
ちゃぁんろぉん はぁんこぉん
Chángróng hángkōng　エバー航空
略称は"長榮"。

台北の有名ホテル

晶華酒店
じぃんほわ じうでぃえん
Jīnghuá jiǔdiàn　リージェント
以前は"麗晶酒店"といいました。

君悅酒店
じゅいんゆえ じうでぃえん
Jūnyuè jiǔdiàn　グランドハイアット
以前は"凱悅大飯店"といいました。

圓山大飯店
ゆえんしゃん だぁふぁんでぃえん
Yuánshān dàfàndiàn　グランドホテル

凱撒大飯店
かいさぁ だぁふぁんでぃえん
Kǎisā dàfàndiàn　シーザーパークホテル

亞都麗緻大飯店
やぁどぅりぃぢー だぁふぁんでぃえん
Yǎdūlìzhì dàfàndiàn　ランディスホテル

コンビニ、スーパー、デパート

統一超商
とぉんいー ちゃおしゃぁん
Tǒngyī chāoshāng　統一超商
統一グループで、セブンイレブンを経営。

全家
ちゅえんじあ
Quánjiā　全家
台湾のファミリーマート。

家樂福
じあろぁふぅ
Jiālèfú　家楽福（カルフール）
フランス資本の大型スーパー。

頂好
でぃんはお
Dǐnghǎo　頂好（ウェルカム）
人気の地元スーパー。

新光三越
しんぐぁん さんゆえ
Xīnguāng sānyuè　新光三越
台湾の三越デパート。

微風廣場
うぇいふぉン ぐぁんちゃぁん
Wéifēng guǎngchǎng　微風広場（ブリーズ・センター）
ブランドが揃う大型ショッピングモール。

筆順メモ　【微】ノ ノ 彳 彳 彳 徉 徉 徉 微 微 微 微

その他有名チェーン店

誠品 ちぉんぴん Chéngpǐn 誠品
超大型書店。生活雑貨も。

屈臣氏 ちゅいちぇんしー Qūchénshì 屈臣氏（ワトソンズ）
香港発のドラッグストアチェーン。

八方雲集 ばーふぁぁん ゆいんじい Bāfāng yúnjí 八方雲集
人気の餃子チェーン。

鼎泰豐 でぃんたいふぉん Dǐngtàifēng 鼎泰豐
世界的に有名なレストラン。

鬍鬚張 ほうしゅいぢゃぁん Húxūzhāng ヒゲ張
魯肉飯の人気チェーン。

伯朗 咖啡館 ぼぉらぁん かーふぇいぐゎん Bólǎng kāfēiguǎn Mr.ブラウン カフェ
台湾生まれのカフェチェーン。

台湾その他の有名企業

鴻海 ほぉんはい Hónghǎi ホンハイ
鴻海科技集團（フォックスコン・グループ）／鴻海精密工業

宏碁 ほぉんじい Hóngjī エイサー
電子機器、および情報通信企業。PC、モバイル端末などを製造。

華碩 ほわしゅお Huáshuò ASUS（エイスース）
電子機器メーカー。PC、スマホ、およびそれらの周辺機器などを製造。

捷安特 じぇあんとぁ Jié'āntè ジャイアント
自転車メーカー。

裕隆 ゆいるぉン Yùlóng ユーロン
自動車メーカー。

福特 ふぅとぁ Fútè フォード

夏普 しあぶぅ Xiàpǔ シャープ

索尼 すおにぃ Suǒní ソニー
以前は"新力"といいました。

卡西歐 かぁしーおう Kǎxī'ōu カシオ

佳能 じあねぅン Jiānéng キヤノン

香奈兒 しぉンないあぁ Xiāngnài'ér シャネル

迪奧 でぃーあお Dí'ào ディオール

高絲 がおすー Gāosī コーセー

佳麗寶 じあらいばお Jiālìbǎo カネボウ

蘭蔻 らんこう Lánkòu ランコム

雑学編⑤ 台湾の著名人

各界の著名人を挙げました。人の名前は、日本ではカタカナ書きされてしまうので、繁体字で書くと誰だかわからなくなってしまうことが多いですね。

政治

蔡英文 (ちぁい いぃんうぅえん)
Cài Yīngwén　蔡英文
2017年現在の総統（第14代）。

李登輝 (りぃ でぅんほぇい)
Lǐ Dēnghuī　李登輝
1996年に初めて総統直接選挙が行われ、選ばれた総統。

孫中山 (すん ぢぉんしゃん)
Sūn Zhōngshān　孫文
辛亥革命のリーダー。「中国革命の父」であり、"國父"と敬われています。

蔣中正 (じあん ぢぉんぢょん)
Jiǎng Zhōngzhèng　蔣介石
初代中華民国総統。1949年に台湾へ移る。"蔣公"と尊称されています。

▲國父紀念館の孫文像

経済

蔡衍明 (つぁい いえんみぃん)
Cài Yǎnmíng　蔡衍明
食品メーカー、旺旺グループの創業者。

郭台銘 (ぐお たいみぃん)
Guō Táimíng　テリー・ゴウ
鴻海の創業者、会長。

張榮發 (ぢゃぁん ろぉんふぁー)
Zhāng Róngfā　張栄発
エバーグリーン・グループの創業者。

台湾で有名な日本人

八田與一 (ばーてぃえん ゆぃいー)
Bātián Yǔyī　八田與一
日本統治期の1930年に烏山頭ダムを建設。南部を大穀倉地帯に変え、台湾経済を変えました。李登輝氏からは「台湾の大恩人」と呼ばれ、今も台湾で最も有名で尊敬されている日本人です。

▲八田與一が建設した烏山頭ダムのダム湖「珊瑚湖」

筆順メモ【蔣】

② 台湾の著名人

C-POP を代表するアーティスト

周杰倫
ぢょう じぇるん
Zhōu Jiélún　ジェイ・チョウ
"亞洲天王" アジアの King of Pops。

五月天
うぅゆえていえん
Wǔyuètiān　Mayday
"亞洲天團" アジアのスーパーバンド。

蔡依林
つぁい いーりん
Cài Yīlín　ジョリン・ツァイ
"亞洲天后" アジアのポップスの女王。

張惠妹
ぢゃん ほぇいめい
Zhāng Huìmèi　アーメイ
世界的人気の歌姫。「台湾の宝」とも。

盧廣仲
るぅ ぐあんぢょン
Lú Guǎngzhòng　クラウド・ルー
人気上昇中の若手男性アーティスト。

滅火器
みえふぉちぃ
Mièhuǒqì　Fire EX.
超人気パンクロックバンド。

華流を代表する人気俳優

言承旭
いえん ちょンしゅい
Yán Chéngxù　ジェリー・イェン
"流星花園"(花より男子)、"就想賴著妳"
(君には絶対恋してない) ほか

陳柏霖
ちぇん ぼぉりん
Chén Bólín　チェン・ボーリン
"藍色大門"(藍色夏恋)、"我可能不會
愛你"(イタズラな恋愛白書) ほか

林依晨
りん いーちぇん
Lín Yīchén　アリエル・リン
"惡作劇之吻"(イタズラなキス)、"我可
能不會愛你"(イタズラな恋愛白書) ほか

林志玲
りん ぢーりぃン
Lín Zhìlíng　リン・チーリン
"赤壁"(レッドクリフ)、「月下の恋人」
ほか

陳喬恩
ちぇん ちあおえん
Chén Qiáo'ēn　ジョー・チェン
"命中注定我愛你"(ハートに命中100%)、
"S.O.P 女王"(シンデレラの法則) ほか

王大陸
わぁン だぁるう
Wáng Dàlù　ダレン・ワン
映画"我的少女時代"(私の少女時代)
で大ブレイク。注目の若手俳優。

あの時のスター

鄧麗君
でぅん りぃじゅいん
Dèng Lìjūn　テレサ・テン
台湾雲林県の出身。

繁体字で書く香港のスター

劉德華
りう どぇほわ
Liú Déhuá　アンディ・ラウ
"無間道"(インファナル・アフェア)、"投
名狀"(ウォーロード) ほか

周潤發
ぢょう ろうんふぁー
Zhōu Rùnfā　チョウ・ユンファ
"英雄本色"(男たちの挽歌)、"臥虎藏龍"
(グリーン・デスティニー) ほか

【與】一ㄏㄣㄉㄌㄌㄍㄍㄍㄍ與與與

雑学編⑥ 世界の国名① ～アジア・オセアニア編

簡体字で中国での表記も記載しました。解説欄には、首都名を記載しています（台湾での繁体字表記のみ）。

❶ 印度
（いんどぅ）インド
Yìndù　印度
新德里（ニューデリー）

❷ 尼泊爾
（にぃぼぉああ）ネパール
Níbó'ěr　尼泊尔
加德滿都（カトマンズ）

❸ 不丹
（ぶぅだん）ブータン
Bùdān　不丹
廷布（ティンプー）

中亞
カザフスタン　哈薩克
ウズベキスタン　烏茲別克
イスラエル　以色列
イラク　伊拉克
イラン　伊朗
アフガニスタン　阿富汗
西亞
サウジアラビア　沙烏地阿拉伯
南亞

❹ 巴基斯坦
（ぱーじーすーたん）パキスタン
Bājīsītǎn　巴基斯坦
伊斯蘭瑪巴德（イスラマバード）

モルディブ　馬爾地夫

❺ 斯里蘭卡
（すーりぃらんかぁ）スリランカ
Sīlǐlánkǎ　斯里兰卡
斯里賈亞瓦德納普拉科特（スリジャヤワルダナプラコッテ）

❻ 泰國
（たいぐお）タイ
Tàiguó　泰国
曼谷（バンコク）

❼ 孟加拉
（もんじあらー）バングラデシュ
Mèngjiālā　孟加拉
達卡（ダッカ）

❽ 柬埔寨
（じえんぷぅぢゃい）カンボジア
Jiǎnpǔzhài　柬埔寨
金邊（プノンペン）

❾ 緬甸
（みえんでぃえん）ミャンマー
Miǎndiàn　缅甸
内比都（ネピドー）

筆順メモ　【爾】一　　广　广　丙　爾　爾　爾　爾　爾

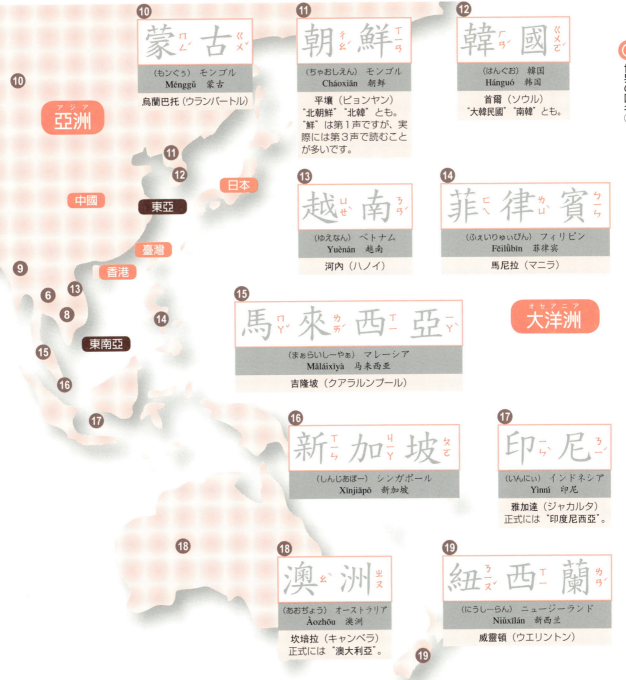

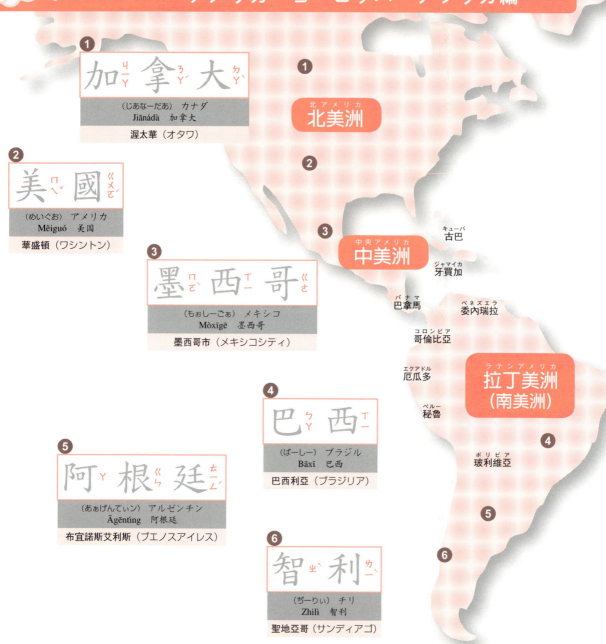

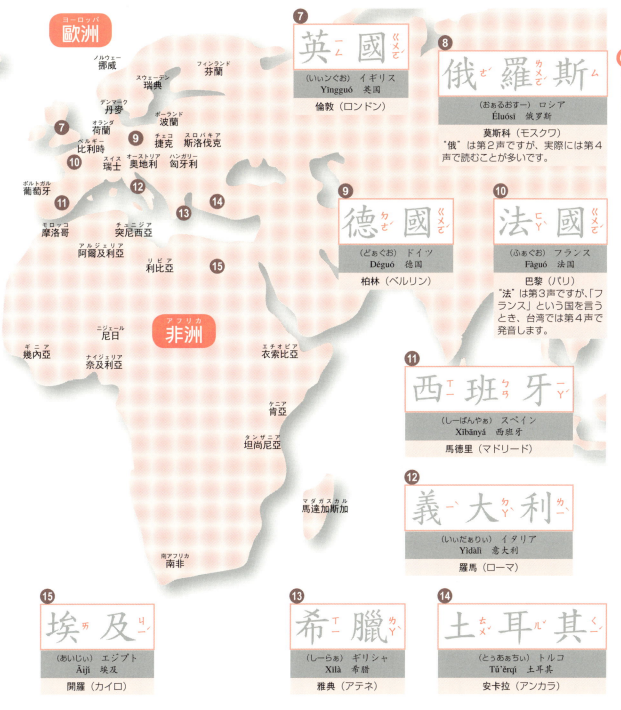

日常編① 交通機関

日常生活で接する身の回りの物事を書いてみましょう。まず、鉄道、バス、タクシーなどの交通機関とアイテム、駅構内施設などの名前です。

臺_{ㄊㄞˊ}鐵_{ㄊㄧㄝˇ}
たいてぃえ
táitiě　台湾鉄道

在来線。"臺灣鐵路"の略。"火車"ともいいます。

▲高鐵

▲臺鐵（平溪線）

高_{ㄍㄠ}鐵_{ㄊㄧㄝˇ}
がおてぃえ
gāotiě　高速鉄道

台湾版新幹線。"高速鐵路"の略。

地_{ㄉㄧˋ}鐵_{ㄊㄧㄝˇ} ／ 捷_{ㄐㄧㄝˊ}運_{ㄩㄣˋ}
でぃーてぃえ　　　　じえゆぃん
dìtiě　地下鉄　　　jiéyùn　MRT

公_{ㄍㄨㄥ}車_{ㄔㄜ} ／ 巴_{ㄅㄚ}士_{ㄕˋ}
ごぉんちょぁ　　　ばーしー
gōngchē　バス　　bāshì　バス

計_{ㄐㄧˋ}程_{ㄔㄥˊ}車_{ㄔㄜ}
じぃちょんちょぁ
jìchéngchē　タクシー

渡_{ㄉㄨˋ}輪_{ㄌㄨㄣˊ}
どぅるん
dùlún　フェリー

腳_{ㄐㄧㄠˇ}踏_{ㄊㄚˋ}車_{ㄔㄜ}
じあおたぁちょぁ
jiǎotàchē　自転車

"自行車" "單車" ともいいます。

特急・急行列車

自強號	莒光號	復興號
ヅーちあんはお	じゅぃぐあんはお	ふぅしぃんはお
〈特急〉自強号	〈急行〉莒光号	〈準急〉復興号

列車の種類

電聯車	區間車	區間快車
でぃえんりぇんちょぁ	ちゅぃじえんちょぁ	ちゅぃじえん くわいちょぁ
電車	普通列車	快速列車

筆順メモ

切符などのアイテム、駅施設など

車站 (ㄔㄜ ㄓㄢˋ)
ちょぁぢゃん
chēzhàn　駅
台鉄、高鉄、地下鉄、バス、すべて"車站"。

售票處 (ㄕㄡˋ ㄆㄧㄠˋ ㄔㄨˋ)
しょうぴあおちゅう
shòupiàochù　切符売り場

台北車站中央にある吹き抜けのイベント広場▶

車票 (ㄔㄜ ㄆㄧㄠˋ)
ちょぁぴあお
chēpiào　乗車券

票價 (ㄆㄧㄠˋ ㄐㄧㄚˋ)
ぴあおじあ
piàojià　運賃

剪票口 (ㄐㄧㄢˇ ㄆㄧㄠˋ ㄎㄡˇ)
じえんぴあおこう
jiǎnpiàokǒu　改札口
"驗票口"ともいいます。

悠遊卡 (ㄧㄡ ㄧㄡˊ ㄎㄚˇ)
ようようかぁ
yōuyóukǎ　悠遊カード
台北版「Suica」。高雄ほか全国で使えるようになってきています。

▲悠遊卡

月台 (ㄩㄝˋ ㄊㄞˊ)
ゆえたい
yuètái　プラットホーム

台鐵便當 (ㄊㄞˊ ㄊㄧㄝˇ ㄅㄧㄢˋ ㄉㄤ)
たいてぃえ ぴえんだぁン
táitiě biàndāng　台鉄弁当
駅弁。これが楽しみで鉄道旅行する人もいます。

◀台鐵便當／排骨飯（骨つき豚焼肉のせ弁当）

その他のことば

對號座 (ㄉㄨㄟˋ ㄏㄠˋ ㄗㄨㄛˋ)
どぇいはおづお
指定席

博愛座 (ㄅㄛˊ ㄞˋ ㄗㄨㄛˋ)
ぽぉあいづお
優先席

單程票 (ㄉㄢ ㄔㄥˊ ㄆㄧㄠˋ)
だんちょんぴあお
片道切符

來回票 (ㄌㄞˊ ㄏㄨㄟˊ ㄆㄧㄠˋ)
らいほぇいぴあお
往復切符

起站 (ㄑㄧˇ ㄓㄢˋ)
ちぃぢゃん
始発駅

終點站 (ㄓㄨㄥ ㄉㄧㄢˇ ㄓㄢˋ)
ぢょンでぃえんぢゃん
終着駅

【當】丨丨丨丨ㄚㄚㄚㄚㄚㄚㄚㄚㄚㄚㄚㄚ當

 ホテルなどの設備

ホテルのいろいろなサービスや、室内の設備、備品について挙げました。

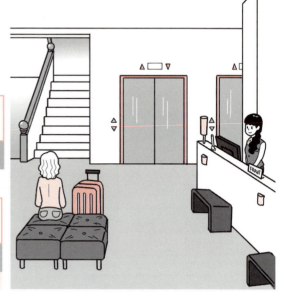

大廳 (ㄉㄚˋ ㄊㄧㄥ)
だぁてぃン　dàtīng　ロビー

櫃台 (ㄍㄨㄟˋ ㄊㄞˊ)
ぐぇいたい　guìtái　フロント

電梯 (ㄉㄧㄢˋ ㄊㄧ)
でぃえんてぃー　diàntī　エレベーター

手扶梯 (ㄕㄡˇ ㄈㄨˊ ㄊㄧ)
しょうふぅてぃー　shǒufútī　エスカレーター

樓梯 (ㄌㄡˊ ㄊㄧ)
ろうてぃー　lóutī　階段

盥洗室 (ㄍㄨㄢˋ ㄒㄧˇ ㄕˋ)
ぐゎんしぃしー　guànxǐshì　トイレ、洗面所
"廁所"、"洗手間"、"化妝室" とも。

商務中心 (ㄕㄤ ㄨˋ ㄓㄨㄥ ㄒㄧㄣ)
しゃぁンうぅ ぢょンしん　shāngwù zhōngxīn　ビジネスセンター

健身房 (ㄐㄧㄢˋ ㄕㄣ ㄈㄤˊ)
じぇんしぇんふぁぁン　jiànshēnfáng　トレーニングルーム

緊急出口 (ㄐㄧㄣˇ ㄐㄧˊ ㄔㄨ ㄎㄡˇ)
じんじぃ ちゅうこう　jǐnjí chūkǒu　非常口

滅火器 (ㄇㄧㄝˋ ㄏㄨㄛˇ ㄑㄧˋ)
みぇふぉちぃ　消火器

ホテルの各種サービス

客房服務
こぁふぁぁン ふぅぅぅ
ルームサービス

寄放行李
じぃふぁぁン しぃンりぃ
手荷物預かり

兌換外幣
どぇいほわン わいびぃ
外貨両替

乾洗服務
がんしぃ ふぅぅぅ
ランドリーサービス

旅遊諮詢
りゅいよう ずーしゅいん
観光案内

【筆順メモ】【盥】丨ｆ ｆ 水 水 伙 伙 皿 皿 皿 盥 盥 盥 盥

客室の設備など

電話 でぃえんほわ diànhuà 電話

電視 でぃえんしー diànshì テレビ

空調 こぉんてぃあお kōngtiáo エアコン

床鋪 ちゅあんぷぅ chuángpù ベッド

冰箱 ぴぃんしあん bīngxiāng 冷蔵庫

淋浴 りんゆい línyù シャワー
浴室は"浴室"。

迷你酒吧 みぃにぃ じうばー mínǐ jiǔbā ミニバー
"吧"を第4声で読む人が多いです。

保險箱 ばおしぇんしあん bǎoxiǎnxiāng セーフティーボックス
"保險櫃"ともいいます。

無線網路 うぅしぇん わぁんるぅ wúxiàn wǎnglù Wi-Fi

密碼 みぃまぁ mìmǎ パスワード

客室の種類

單人房 だんろぇんふぁあん シングルルーム

雙人房／雙床房 しゅあんろぇんふぁあん／しゅあんちゅあんふぁあん ダブル／ツインルーム
(ダブルは"單床雙人房"、ツインは"雙床雙人房"とも。)

三人房 さんろぇんふぁあん トリプルルーム

標準房 ぴあおじゅんふぁあん スタンダードルーム

套房 たおふぁあん スイートルーム

日常編③ 街なかのいろいろな場所

レストランやお店など、街にあるいろいろな施設や場所について書いてみましょう。

超市 (ㄔㄠ ㄕˋ)
ちゃおしー
chāoshì　スーパー
"超級市場"の略。

便利商店 (ㄅㄧㄢˋ ㄌㄧˋ ㄕㄤ ㄉㄧㄢˋ)
びえんりぃ しゃぁんでぃえん
biànlì shāngdiàn　コンビニ
"超商"ともいいます。

◀ 台北車站（台北駅）裏手周辺の街並み

百貨公司 (ㄅㄞˇ ㄏㄨㄛˋ ㄍㄨㄥ ㄙ)
ばいふお ごぉんすー
bǎihuò gōngsī　デパート

大賣場 (ㄉㄚˋ ㄇㄞˋ ㄔㄤˇ)
だぁまいちゃぁん
dàmàichǎng　ショッピングセンター

茶葉蛋（茶葉や八角で煮込んだ煮卵）が置かれた、便利商店のレジ付近 ▶

藥妝店 (ㄧㄠˋ ㄓㄨㄤ ㄉㄧㄢˋ)
やおぢゅあんでぃえん
yàozhuāngdiàn　ドラッグストア

路邊攤 (ㄌㄨˋ ㄅㄧㄢ ㄊㄢ)
るぅぴえんたん
lùbiāntān　屋台

銀行 (ㄧㄣˊ ㄏㄤˊ)
いんはぁん
yínháng　銀行

警察局 (ㄐㄧㄥˇ ㄔㄚˊ ㄐㄩˊ)
じぃんちゃあじゅい
jǐngchájú　警察署

郵局 (ㄧㄡˊ ㄐㄩˊ)
ようじゅい
yóujú　郵便局

醫院 (ㄧ ㄩㄢˋ)
いーゆえん
yīyuàn　病院

筆順メモ　【妝】　ㄅ ㄐ ㄐ ㄐ 爿 妆 妆 妝

② 街なかのいろいろな場所

餐廳
ㄘㄢ ㄊㄧㄥ
ㄘㄨㄢ ㄊㄧㄥ
cāntīng　レストラン

咖啡店
ㄎㄚ ㄈㄟ ㄉㄧㄢ
かーふぇいでぃえん
kāfēidiàn　カフェ

茶藝館
ㄔㄚ ㄧ ㄍㄨㄢ
ちゃあいぐわん
cháyìguǎn　茶芸館

台湾茶を供するお店。

算命館
ㄙㄨㄢ ㄇㄧㄥ ㄍㄨㄢ
すわんみぃンぐわん
suànmìngguǎn　占いの店

行天宮前や龍山寺前の地下にあるような、店舗のない「占い屋台」は"算命攤"といいます。

▲算命（占い）

按摩店
ㄢ ㄇㄛ ㄉㄧㄢ
あんもぉでぃえん
ànmódiàn　マッサージ店

「マッサージ」は当て字で"馬殺雞"とも書きます。

按摩（マッサージをする）▶
「足つぼマッサージ」は"腳底按摩"

溫泉
ㄨㄣ ㄑㄩㄢ
うぇんちゅえん
wēnquán　温泉

圖書館
ㄊㄨ ㄕㄨ ㄍㄨㄢ
とぅーしゅうぐわん
túshūguǎn　図書館

電影院
ㄉㄧㄢ ㄧㄥ ㄩㄢ
でぃえんいぃンゆえん
diànyǐngyuàn　映画館

麵包店
ㄇㄧㄢ ㄅㄠ ㄉㄧㄢ
みえんばおでぃえん
miànbāodiàn　パン屋

その他のお店

居酒屋
ㄐㄩ ㄐㄧㄡ ㄨ
じゅいじううー
居酒屋

蛋糕店
ㄉㄢ ㄍㄠ ㄉㄧㄢ
だんがおでぃえん
ケーキ屋

禮品店
ㄌㄧ ㄆㄧㄣ ㄉㄧㄢ
りぃぴんでぃえん
土産物屋

唱片行
ㄔㄤ ㄆㄧㄢ ㄏㄤ
ちゃぁンぴえんはぁン
CDショップ

書店
ㄕㄨ ㄉㄧㄢ
しゅうでぃえん
本屋

髮廊
ㄈㄚ ㄌㄤ
ふぁあらぁン
美容院

【溫】丶丶氵氵汀汩汩汩泗泗溫溫溫溫

日常生活用品

身の回りにあるさまざまなモノについて書いてみましょう。

手機
しょうじー
shǒujī　スマホ、携帯電話
スマホは"智慧型手機"といいますが、"手機"だけで通じます。

手錶
しょうびあお
shǒubiǎo　腕時計

筆電
びぃでぃえん
bǐdiàn　ノートパソコン
"筆記型電腦"の略。

手機、筆電、耳機

平板電腦
ぴぃんばん でぃえんなお
píngbǎn diànnǎo　タブレット

遊戲機
ようしぃじー
yóuxìjī　ゲーム機

相機
しぁんじー
xiàngjī　カメラ
"照相機"の略。

耳機
あぁじー
ěrjī
イヤホン、ヘッドホン

充電器
ちょんでぃえんちぃ
chōngdiànqì　充電器

【戲】　丶 卜 ト 广 卢 卢 虍 虍 唐 唐 虘 虘 虘 戲 戲 戲

② 日常生活用品

包包 ㄅㄠ ㄅㄠ
ばおばお
bāobāo　かばん

錢包 ㄑㄧㄢˊ ㄅㄠ
ちえんばお
qiánbāo　サイフ

背包 ㄅㄟ ㄅㄠ
べいばお
bēibāo　バックパック

行李箱 ㄒㄧㄥˊ ㄌㄧˇ ㄒㄧㄤ
しいんりぃしあん
xínglǐxiāng　スーツケース

護照 ㄏㄨˋ ㄓㄠˋ
ふぅぢゃお
hùzhào　パスポート

機票 ㄐㄧ ㄆㄧㄠˋ
じーぴあお
jīpiào　航空券

信用卡 ㄒㄧㄣˋ ㄩㄥˋ ㄎㄚˇ
しんよんかぁ
xìnyòngkǎ　クレジットカード
キャッシュカードは"提款卡""金融卡"。

鑰匙 ㄧㄠˋ ㄕ
やおし
yàoshi　カギ

地圖 ㄉㄧˋ ㄊㄨˊ
でぃーとぅ
dìtú　地図

旅遊書 ㄌㄩˇ ㄧㄡˊ ㄕㄨ
りゅいようしゅう
lǚyóushū　旅行ガイドブック

雨傘 ㄩˇ ㄙㄢˇ
ゆいさん
yǔsǎn　雨傘
日傘は"陽傘"。

眼鏡 ㄧㄢˇ ㄐㄧㄥˋ
いえんじぃん
yǎnjìng　メガネ
サングラスは"太陽眼鏡"。

隱形眼鏡 ㄧㄣˇ ㄒㄧㄥˊ ㄧㄢˇ ㄐㄧㄥˋ
いんしぃん いえんじぃん
yǐnxíng yǎnjìng　コンタクトレンズ

衛生用品 ㄨㄟˋ ㄕㄥ ㄩㄥˋ ㄆㄧㄣˇ
うぇいしょん よんぴん
wèishēng yòngpǐn　衛生用品
ティッシュ、トイレットペーパー、歯磨き用品、洗濯用品、掃除用品、絆創膏、マスクなどの総称。

面紙 ㄇㄧㄢˋ ㄓˇ
みえんぢー
miànzhǐ　ティッシュ
トイレットペーパーは"衛生紙"。

手帕 ㄕㄡˇ ㄆㄚˋ
しょうぱぁ
shǒupà　ハンカチ
涙を拭くことを連想するので、プレゼントしません。

いろいろな化粧品、衛生用品

面膜 ㄇㄛˊ
みえんむぉ
フェイスマスク

卸妝油 ㄒㄧㄝˋ ㄓㄨㄤ ㄧㄡˊ
しえぢゅあんよう
クレンジングオイル

粉底 ㄈㄣˇ ㄉㄧˇ
ふぇんでぃー
ファンデーション

腮紅 ㄙㄞ ㄏㄨㄥˊ
さいほぉン
チーク

防曬乳 ㄈㄤˊ ㄕㄞˋ ㄖㄨˇ
ふぁあんしゃいるう
日焼け止めクリーム

沐浴乳 ㄇㄨˋ ㄩˋ ㄖㄨˇ
むぅゆぃるぅ
ボディソープ

洗髮乳 ㄒㄧˇ ㄈㄚˇ ㄖㄨˇ
しぃふぁあるう
シャンプー

【隱】ㄅ ㄋ ㄋˊ ㄋˇ ㄋˋ ㄋ゛ ㄋ゛ ㄋ゛ 隱 隱 隱 隱 隱 隱 隱

日常編⑤　食べ物①　〜屋台料理編

最大の楽しみといえばグルメ！
まずは夜市などで人気の「屋台メシ」
を挙げました。

滷肉飯
ㄌㄨˇ ㄖㄡˋ ㄈㄢˋ
lǔròufàn　豚肉そぼろご飯

"魯肉飯"とも書きます。
鶏肉のそぼろご飯は"雞肉飯"。

炒米粉
ㄔㄠˇ ㄇㄧˇ ㄈㄣˇ
chǎomǐfěn　焼きビーフン

「焼き」と日本語では言いますが、"炒"
は「炒める」の意味です。

棺材板
ㄍㄨㄢ ㄘㄞˊ ㄅㄢˇ
guāncáibǎn

台南発祥の食パンにシチューを挟んで
揚げたパン。直訳すると「棺桶パン」！

◀滷肉飯

棺材板▶

水煎包
ㄕㄨㄟˇ ㄐㄧㄢ ㄅㄠ
shuǐjiānbāo　焼き小籠包

小型の豚まんを焼いたもの。

雞排
ㄐㄧ ㄆㄞˊ
jīpái　フライドチキン

夜市で大人気！　超ビッ
グサイズのもあります。

鹽酥雞
ㄧㄢˊ ㄙㄨ ㄐㄧ
yánsūjī　鶏の唐揚げ

台湾風の鶏の唐揚げ。"鹹酥雞"とも
いいます。

胡椒餅
ㄏㄨˊ ㄐㄧㄠ ㄅㄧㄥˇ
hújiāobǐng　胡椒餅

胡椒を効かせた肉まんを焼いたもの。

麵線
ㄇㄧㄢˋ ㄒㄧㄢˋ
miànxiàn　にゅうめん

台湾風煮込みそうめん。

擔仔麵
ㄉㄢ ㄗˇ ㄇㄧㄢˋ
dànzimiàn　タンツーメン

"担仔麵"とも書きます。「だんづぁい
みえん」と読む人も多くいます。

筆順メモ　【滷】丶丶氵氵汁汁沽沽泸泸渺滷滷滷

② 食べ物①

蚵仔煎
カキオムレツ
台湾語の発音で「おあちぇん」といいます。

肉圓
肉入り餅
台湾語の発音で「ばーわん」といいます。

臭豆腐
ちょうどうふぅ
chòudòufu　臭豆腐
"炸"（揚げ）と"蒸"（蒸し）があります。

甜不辣
てぃえんぶぅらぁ
tiánbúlà　てんぷら
「てんぷら」の音訳。実際はさつま揚げのような、魚のすり身を揚げたもの。

關東煮
ぐぁんどぉんぢゅう
guāndōngzhǔ　おでん（関東炊き）
コンビニなどでも人気です。

滷味
るぅうぇい
lǔwèi　煮込み料理
野菜、肉、海鮮、練り物など、好きな具材をさっと煮た料理。

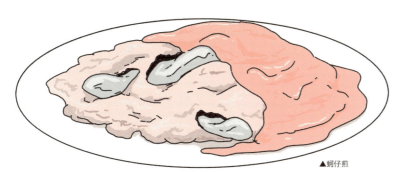
▲蚵仔煎

▲臭豆腐

藥燉排骨
やおどぅん ぱいぐぅ
yàodùn páigǔ　豚バラ肉の薬膳煮込みスープ
豚のバラ肉やスペアリブを薬膳のスープで煮込んだ漢方スープ。

潤餅
ろぅんぴぃん
rùnbǐng　台湾風生春巻き
4月の清明節で食べる伝統習慣があります。

その他の屋台料理

蚵仔麵線	大腸包小腸	起司馬鈴薯	蔥油餅	蛋餅
カキそうめん	だぁちゃぁん ばお しあおちゃぁん	ちぃすー まぁりぃんしゅう	つぉんようぴぃん	だんぴぃん
台湾語の発音で「おあみすゎ」。	もち米の腸詰と台湾ソーセージのホットドッグ	チーズポテト	ネギ焼き	卵巻き

日常編⑥ 食べ物② 〜レストラン料理編

レストランなどで人気のグルメ。日本でもおなじみの料理もあります。

小籠包 (ㄒㄧㄠˇ ㄌㄨㄥˊ ㄅㄠ)
しあおろんばお
xiǎolóngbāo　小籠包
人気ナンバーワン！

牛肉麵 (ㄋㄧㄡˊ ㄖㄡˋ ㄇㄧㄢˋ)
にうろぅみえん
niúròumiàn　牛肉麺
煮た牛肉をトッピングした麺。トマトものせた"番茄牛肉麵"も人気です。

麻婆豆腐 (ㄇㄚˊ ㄆㄛˊ ㄉㄡˋ ㄈㄨˇ)
まぁぽぉ どぅふぅ
mápó dòufu　麻婆豆腐

青椒肉絲 (ㄑㄧㄥ ㄐㄧㄠ ㄖㄡˋ ㄙ)
ちぃんじあお ろぅすー
qīngjiāo ròusī　チンジャオロース

番茄炒蛋 (ㄈㄢ ㄑㄧㄝˊ ㄔㄠˇ ㄉㄢˋ)
ふぁんちぇ ちゃおだん
fānqié chǎodàn　トマトと卵の炒め

宮保雞丁 (ㄍㄨㄥ ㄅㄠˇ ㄐㄧ ㄉㄧㄥ)
ごぉんばお じーでぃン
gōngbǎo jīdīng　角切り鶏肉の辛味炒め
いわゆる「鶏のカシューナッツ炒め」で、よくピーナッツやカシューナッツと一緒に炒めます。

雪菜百頁 (ㄒㄩㄝˇ ㄘㄞˋ ㄅㄞˇ ㄧㄝˋ)
しゅえつぁい ばいいえ
xuěcài bǎiyè　高菜と湯葉の炒め物

豆苗蝦仁 (ㄉㄡˋ ㄇㄧㄠˊ ㄒㄧㄚ ㄖㄣˊ)
どぅみあお しあろぇん
dòumiáo xiārén　豆苗とエビの炒め
豆苗とエビを塩味であっさりと炒めたもの。

鳳梨蝦球 (ㄈㄥˋ ㄌㄧˊ ㄒㄧㄚ ㄑㄧㄡˊ)
ふぉんりぃ しあちぅ
fènglí xiāqiú　パイナップルとエビ団子の炒め
パイナップル入りエビマヨ。

小籠包

✎筆順メモ 【絲】 ㄥ ㄥ ㄠ ㄠ ㄠ 糸 糸 絲 絲 絲

五更腸旺
うぅじぃン ちゃぁンわぁン
wǔjīng chángwàng　豚モツの辛味炒め

豚のモツと鴨血、ショウガや花椒などとともに炒め煮にした、台湾生まれの四川料理。

蒜泥白肉
すわんにぃ ばいろぅう
suànní báiròu　ゆで豚のニンニクソースがけ

ゆでた豚肉に、ニンニクのピリ辛ソースをからめた四川料理。

鐵板牛柳
てぃえばん にうりぅう
tiěbǎn niúliǔ　牛フィレ肉の鉄板焼

"柳"の字が表すように、拍子木状に切った牛フィレ肉の鉄板焼です。

糖醋排骨
たぁンつぅう ばいぐぅう
tángcù páigǔ　スペアリブの甘酢煮

スペアリブを使った酢豚。

▲牛肉麵
▲紅燒獅子頭

紅油抄手
ほぉンよう ちゃおしょう
hóngyóu chāoshǒu　ワンタンの辛味ソースがけ

ワンタンに四川風のスパイシーソースをからめたもの。

紅燒獅子頭
ほぉンしゃお しーづとう
hóngshāo shīzitóu　肉団子の甘辛煮

大きめの肉団子を、醤油やソースで甘辛く煮た江南料理。

その他の料理

花枝丸
ほわぢーわぁン
イカ団子

紅蟳米糕
ほぉンしゅぃン みぃがお
カニおこわ

麻辣(火)鍋
まぁらぁ (ほぅお) ぐぉ
激辛鍋

鴛鴦(火)鍋
ゆえんやン (ほぅお) ぐぉ
紅白2色の火鍋

佛跳牆
ふぉてぃあおちあン
たっぷり具材のスープ
(ぶっとびスープ)

【蒜】　丶 艹 艹 艹 艹 艹 芹 蒜 蒜 蒜 蒜 蒜 蒜

日常編⑦ 食べ物③ ～くだもの＆スイーツ編　スイーツ天国台湾！

鳳梨 ㄈㄥ ㄌㄧ	荔枝 ㄌㄧ ㄓ	芒果 ㄇㄤ ㄍㄨㄛ	蘋果 ㄆㄧㄥ ㄍㄨㄛ
ふぉんりぃ fēnglǐ パイナップル	りぃぢー lìzhī ライチ	まぁんぐお mángguǒ マンゴー	ぴぃんぐお píngguǒ リンゴ

木瓜 ㄇㄨ ㄍㄨㄚ			草莓 ㄘㄠ ㄇㄟ
むぅぐわ mùguā パパイヤ			つぁおめい cǎoméi イチゴ

西瓜 ㄒㄧ ㄍㄨㄚ			香蕉 ㄒㄧㄤ ㄐㄧㄠ
しーぐわ xīguā スイカ			しあんじあお xiāngjiāo バナナ

楊桃 ㄧㄤ ㄊㄠ			橘子 ㄐㄩ ㄗ
やんたお yángtáo スターフルーツ			じゅいづ júzi オレンジ

木瓜、荔枝、鳳梨

火龍果 ㄏㄨㄛ ㄌㄨㄥ ㄍㄨㄛ	奇異果 ㄑㄧ ㄧ ㄍㄨㄛ	芭樂 ㄅㄚ ㄌㄜ
ほぅおろんぐお huǒlóngguǒ ドラゴンフルーツ	ちぃいぐお qíyìguǒ キウイ	ばーろぁ bālè グァバ

台湾語発音は「ばーらー」。

その他のフルーツ

葡萄 ㄆㄨ ㄊㄠ	櫻桃 ㄧㄥ ㄊㄠ	梨子 ㄌㄧ ㄗ	李子 ㄌㄧ ㄗ	桃子 ㄊㄠ ㄗ	棗子 ㄗㄠ ㄗ	哈密瓜 ㄏㄚ ㄇㄧ ㄍㄨㄚ	榴槤 ㄌㄧㄡ ㄌㄧㄢ
ぷぅたお ブドウ	いぃんたお サクランボ	りぃづ ナシ	りぃづ スモモ	たおづ 桃	ぢぁおづ ナツメ	はーみぃぐわ ハミウリ	りぅりえん ドリアン

筆順メモ

②食べ物③

豆花 ㄉㄡ ㄏㄨㄚ
どうほわ
dòuhuā　豆花

トロトロの豆腐に、シロップと豆やタロイモなどのトッピングをかけたもの。

刨冰 ㄅㄠ ㄅㄧㄥ
ばおびぃん
bàobīng　かき氷

ベーシックなかき氷。

芒果冰 ㄇㄤ ㄍㄨㄛ ㄅㄧㄥ
まぁんぐおびぃん
mángguǒ bīng　マンゴーかき氷

マンゴー以外も、トッピングする具材の名前をつけて"○○冰"といいます。

鳳梨酥 ㄈㄥ ㄌㄧ ㄙㄨ
ふぉんりぃすぅ
fènglísū　パイナップルケーキ

おみやげの定番。"酥"はサクサクとしたクッキーやパイのような生地のこと。

雪花冰 ㄒㄩㄝ ㄏㄨㄚ ㄅㄧㄥ
しゅえほわびぃん
xuěhuābīng　ミルクかき氷

ミルクの氷をかいたフワフワかき氷。

蛋黃酥 ㄉㄢ ㄏㄨㄤ ㄙㄨ
だんほあんすぅ
dànhuángsū　卵黄パイ

卵の黄身を餡と生地で包んだお菓子。

泡泡冰 ㄆㄠ ㄆㄠ ㄅㄧㄥ
ぱおぱおびぃん
pàopàobīng　シロップまぜかき氷

かき氷にフルーツなどのシロップをまぜ合わせたシャーベット状のかき氷。

八寶冰 ㄅㄚ ㄅㄠ ㄅㄧㄥ
ばーばおびぃん
bābǎobīng　八宝かき氷

8種類の具がトッピングされたかき氷。同じようにたくさんの具がのったお粥を"八寶粥"といいます。

芋頭酥 ㄩ ㄊㄡ ㄙㄨ
ゆぃとぅすぅ
yùtousū　タロイモケーキ

タロイモの餡をミルフィール状の皮で包んだお菓子。"頭"は標準発音は軽声ですが、第2声で発音することが多いです。

芒果冰＆豆花

太陽餅 ㄊㄞ ㄧㄤ ㄅㄧㄥ
たいやんびぃん
tàiyángbǐng　麦芽糖餡入りパイ

サクサクのパイ生地で麦芽糖の餡を包んだ、台中名物のお菓子。

豆花、かき氷などのトッピング

綠豆 ㄌㄩ ㄉㄡ	紅豆 ㄏㄨㄥ ㄉㄡ	花生 ㄏㄨㄚ ㄕㄥ	地瓜 ㄉㄧ ㄍㄨㄚ	芋圓 ㄩ ㄩㄢ	薏仁 ㄧ ㄖㄣ	粉圓 ㄈㄣ ㄩㄢ	椰果 ㄧㄝ ㄍㄨㄛ
りゅぃどう	ほぉんどう	ほわしょん	でぃーぐわ	ゆぃゆえん	いいろぇん	ふぇんゆえん	いえぐお
緑豆	あずき	ピーナッツ	さつまいも	タロイモ団子	ハトムギ	タピオカ	ナタデココ

【刨】ノㄅㄅㄅ包包刨

台湾はドリンク天国でもありますね。いろいろな飲み物の名前を書いてみましょう。

啤酒
ぴぃじう
píjiǔ　ビール

梅酒
めいじう
méijiǔ　梅酒

香檳
しぁんぴん
xiāngbīn　シャンパン

紅酒
ほぉんじう
hóngjiǔ　赤ワイン

"紅葡萄酒"の省略形。白ワインは"白（葡萄）酒"。赤ワインのほかに、紅麹菌で造る"紅（麴葡萄）酒"もあります。

咖啡
かーふぇい
kāfēi　コーヒー

紅茶
ほぉんちゃあ
hóngchá　紅茶

高粱酒
がおりぁんじう
gāoliángjiǔ　コーリャン酒

"白酒"とも言います。つまりあの、アルコール度数が高いことで知られる中国伝統の「ばいちゅう」です。

烏龍茶
うーろんちゃあ
wūlóngchá　烏龍茶

威士忌
うぇいしーじい
wēishìjì　ウイスキー

礦泉水
くぁんちゅえんしゅえい
kuàngquánshuǐ　ミネラルウォーター

汽水
ちぃしゅえい
qìshuǐ　炭酸水

可樂
こぁこぁ
kělè　コーラ

その他の飲み物

拿鐵	可可	凍頂烏龍茶	伯爵茶	冬瓜茶	苦瓜茶
なぁてぃえ	こぁこぁ	どぉんでぃん うーろんちゃあ	ぼぉじゅえちゃあ	どぉんぐわちゃあ	くぅぐわちゃあ
カフェ・ラテ	ココア	凍頂烏龍茶	アールグレイ	（甘い）冬瓜茶	ゴーヤ茶

【啤】一丨ㄇㄖㄖ'ㄖ'ㄖ白ㄖ白ㄖ白ㄖ卑ㄖ卑ㄖ卑

② 飲み物

果汁
ㄍㄨㄛˇ ㄓ
ぐおぢー
guǒzhī　フルーツジュース

養樂多
ㄧㄤˇ ㄌㄜˋ ㄉㄨㄛ
やんろぁどうお
yǎnglèduō　ヤクルト

鹹豆漿
ㄒㄧㄢˊ ㄉㄡˋ ㄐㄧㄤ
しえん どうじあん
xián dòujiāng　塩味の豆乳

"豆漿"は豆乳。"鹹豆漿"はさまざまな具材がのった朝食の定番おかず豆乳で、甘い豆乳は"甜豆漿"といいます。

西瓜汁
ㄒㄧ ㄍㄨㄚ ㄓ
しーぐわぢー
xīguāzhī　スイカジュース

紅豆湯
ㄏㄨㄥˊ ㄉㄡˋ ㄊㄤ
ほぉんどうたぁん
hóngdòutāng　あずきぜんざい

台湾のあずきぜんざい（しるこ）。

芒果汁
ㄇㄤˊ ㄍㄨㄛˇ ㄓ
まぁんぐおぢー
mángguǒzhī　マンゴージュース

薑母茶
ㄐㄧㄤ ㄇㄨˇ ㄔㄚˊ
じあんむぅちゃあ
jiāngmǔchá　ショウガ茶

黒糖入りは"黑糖薑母茶"。

酸梅汁
ㄙㄨㄢ ㄇㄟˊ ㄓ
すわんめいぢー
suānméizhī　梅ジュース

梅干しをいぶしたもののジュース。"烏梅汁""酸梅湯"ともいいます。

紅豆湯＆珍珠奶茶

木瓜牛奶
ㄇㄨˋ ㄍㄨㄚ ㄋㄧㄡˊ ㄋㄞˇ
むぅぐわ にうない
mùguā niúnǎi　パパイヤミルク

イチゴミルクなら"草莓牛奶"。フルーツのミルクミックスジュースをそれぞれ、"○○牛奶"といいます。

珍珠奶茶
ㄓㄣ ㄓㄨ ㄋㄞˇ ㄔㄚˊ
ぢぇんぢゅう ないちゃあ
zhēnzhū nǎichá　タピオカミルクティー

紅茶のほかに、烏龍茶のタピオカミルクティーや、いろいろなアレンジティーがあります。

仙草蜜
しえんつぁおみぃ
仙草ゼリードリンク

酪梨牛奶
るぉりぃ にうない
アボカドミルク

養樂多綠茶
やんろぁどうお りゅぃちゃあ
ヤクルトと緑茶のミックス

山藥薏仁豆奶
しゃんやお いいろぇん どうない
山芋とハトムギと豆乳のミックス

【漿】 丶 ㄐ ㄐ ㄐ ㄐ 壯 壯 將 將 將 將 漿 漿

日常編⑨ スポーツ・趣味

人気のスポーツや趣味です。
解説欄には、よく組み合わせる動詞との組み合わせを記載しました（それ自体が動詞のものもあります）。

棒球 ㄅㄤˋ ㄑㄧㄡˊ
ばぁんちぅ
bàngqiú 野球
打棒球（野球をする）

桌球 ㄓㄨㄛ ㄑㄧㄡˊ
ぢゅおちぅ
zhuōqiú 卓球

乒乓球 ㄆㄧㄥ ㄆㄤ ㄑㄧㄡˊ
ぴぃんぱぁんちぅ
pīngpāngqiú ピンポン

打桌球／打乒乓球（卓球をする）

籃球 ㄌㄢˊ ㄑㄧㄡˊ
らんちぅ
lánqiú バスケットボール
打籃球（バスケットボールをする）

網球 ㄨㄤˇ ㄑㄧㄡˊ
わぁんちぅ
wǎngqiú テニス
打網球（テニスをする）

高爾夫 ㄍㄠ ㄦˇ ㄈㄨ
がおあぁふう
gāo'ěrfū ゴルフ
打高爾夫（球）（ゴルフをする）

足球 ㄗㄨˊ ㄑㄧㄡˊ
ずぅちぅ
zúqiú サッカー
踢足球（サッカーをする）

馬拉松 ㄇㄚˇ ㄌㄚ ㄙㄨㄥ
まぁらーそぉン
mǎlāsōng マラソン
跑馬拉松（マラソンをする）

騎車 ㄑㄧˊ ㄔㄜ
ちぃちょぁ
qíchē
サイクリング
「自転車またはバイクに乗る」の意味。台湾で大人気です。

騎車

瑜伽 ㄩˊ ㄐㄧㄚ
ゆぃじあ
yújiā ヨガ
做瑜伽（ヨガをする）

衝浪 ㄔㄨㄥ ㄌㄤˋ
ちょンらぁン
chōnglàng
サーフィン（をする）

游泳 ㄧㄡˊ ㄩㄥˇ
ようよン
yóuyǒng
水泳（をする、泳ぐ）

爬山 ㄆㄚˊ ㄕㄢ
ぱぁしゃん
páshān
登山（をする）

② スポーツ・趣味

布袋戲 ㄅㄨˋ ㄉㄞˋ ㄒㄧˋ
ぶぅだいしぃ
bùdàixì 布袋劇
看布袋戲（布袋劇を見る）
台湾の伝統人形劇。現代的にアレンジした作品はテレビ放映もされ人気です。

電影 ㄉㄧㄢˋ ㄧㄥˇ
でぃえんいぃん
diànyǐng 映画
看電影（映画を見る）

音樂 ㄧㄣ ㄩㄝˋ
いんゆえ
yīnyuè 音楽
聽音樂（音楽を聴く）

書法 ㄕㄨ ㄈㄚˇ
しゅうふぁぁ
shūfǎ 書道
學書法（書道を学ぶ）

露營 ㄌㄨˋ ㄧㄥˊ
るぅいぃん
lùyíng キャンプ
去露營（キャンプに行く）

畫畫 ㄏㄨㄚˋ ㄏㄨㄚˋ
ほわ ほわ
huà huà 絵を描く
前の"畫"は動詞「描く」、後ろの"畫"は名詞「絵」。

唱歌 ㄔㄤˋ ㄍㄜ
ちゃぁんごぁ
chànggē カラオケをする
直訳は「歌を歌う」。

電動 ㄉㄧㄢˋ ㄉㄨㄥˋ
でぃえんどぉン
diàndòng ゲーム
打電動（ゲームをする）

看書 ㄎㄢˋ ㄕㄨ
かんしゅう
kànshū
読書をする

上網 ㄕㄤˋ ㄨㄤˇ
しゃぁんわぁン
shàngwǎng
インターネットをする

伝統的な布袋戲

插花 ㄔㄚ ㄏㄨㄚ
ちゃあほわ
chāhuā
生花をする

逛街 ㄍㄨㄤˋ ㄐㄧㄝ
ぐぁんじえ
guàngjiē
ウインドウショッピングをする

攝影 ㄕㄜˋ ㄧㄥˇ
しょあいぃン
shèyǐng
写真撮影をする

集郵 ㄐㄧˊ ㄧㄡˊ
じぃよう
jíyóu
切手を集める

いろいろな職業

人に呼びかけるとき、名前の代わりに職業で呼びかけるのは台湾も同じです。日本にはないおもしろい呼び方もいろいろあります。

上班族
しゃぁんばんずぅ
shàngbānzú　サラリーマン
会社員の一般的な呼び名。

司機
すーじー
sījī　運転手
バスやタクシーの運転手。

服務生
ふぅうぅしょん
fúwùshēng　サービス員
お店やレストランなどのスタッフです。中国本土では"服務員"。

老師
らぉしー
lǎoshī　先生
職業名は"教師"。

學生
しゅえしょん
xuéshēng　学生

律師
りゅぃしー
lùshī　弁護士

設計師
しょぁじーしー
shèjìshī　デザイナー、美容師

髮型師
ふぁあしぃんしー
fǎxíngshī　美容師

導遊
だおよう
dǎoyóu　ガイド

醫生
いーしょん
yīshēng　医者
職業名は"醫師"。

護士
ふぅしー
hùshì　看護師
最近は"護理師"という新しい呼び方が増えました。

廚師
ちゅうしー
chúshī　調理師
レストランなどのシェフ。

工程師
ごぉんちょんしー
gōngchéngshī　エンジニア

家庭主婦
じぁてぃん じゅうふぅ
jiātíng zhǔfù　主婦

請慢用。
(どうぞごゆっくり)

謝謝！
(ありがとう)

台湾の人は、バスを降りる時に運転手さんへ、お店で料理を持ってきてくれた時や会計時に店員さんへなど、気軽に"謝謝！"と声をかけます。見習いたいですね。

筆順メモ　【廚】　｀一广广广广庐庐庐廚廚廚廚廚廚

人に呼びかける方法いろいろ

周りの人に対して呼びかけるとき、台湾ではどのように言うでしょうか。

まず、知らない人に呼びかけるときには、相手が男性であれば"**先生！**"（しぇんしょん）、女性であれば"**小姐！**"（しぁおじぇ）と言います。中国本土では"小姐"と呼びかけると失礼に当たってしまいますが、台湾では問題ありません。

名前を知っている人であれば、"**陳先生！**""**林小姐！**"というふうに言います。職業も知っていたら"**王老師！**""**張醫生！**""**黄律師！**"など職業をつけて言うこともできます。

飲食店などの店員さんに呼びかけるには"**服務生！**"。これは日本語で言う「店員さん！」と同じですね。タクシーなどの運転手さんの場合、男性だったら"**司機先生！**"（すーじー しぇんしょん）、または"**司機大哥！**"（すーじー だぁごぁ）と呼びかけます。前者は日本で言う「運転手さん」と同じ言い方です。後者の"大哥"は「お兄さん」という意味で、「運転手のお兄さん」。こちらのほうがより親近感があります。

タクシーなどの運転手さんに対してはさらに"**運將（運匠）！**"（うんじぁん）という呼び方もあります。これは日本語の「うんちゃん」と台湾語から生まれた呼び方です。日本語の「うんちゃん」のようなぞんざいなニュアンスはとくになく、親しみを込めた呼び方です。

そのほかにも、こんな呼び方があります。

- "**小強**" …例えば"小王"「王さん」というように、人を親しみを込めて呼ぶときに姓や名前の前に"小"をつけて呼びます。ただし、"小強"は要注意！　じつは「ゴキブリ」の愛称なんです！
- "**～鳥**" …鳥ではなく、人を指すこともあります。例えば、"菜鳥"は「新米、初心者」、"老鳥"は「ベテラン」のことです。
- "**好兄弟**" …ふつうは、仲がよくてまるで家族のような親友のことを言います。例えば"**他是我的好兄弟**"「彼は私の大親友です」。しかし、「無縁仏、霊、鬼」を指すこともあり、例えば"**今天要祭拜好兄弟**"「今日は無縁仏にお供えとお焼香をします」というような使い方もします。

また、裏の意味があることばもあります。例えば、"**大姨媽**"は、母方の一番上のおばとのことですが、女性の生理も指すことがあったり…。ちょっとビックリですね。

コラム

台湾語由来のことば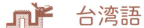

　「台湾語（"台語"）」は、福建省南部の方言である「閩南語」の流れを汲むことばで、第2次大戦より前に、福建省あたりから台湾に移住していた漢人たちが話してきたことばです。

　台湾の多くの人は、「華語（国語）」とこの「台湾語」のバイリンガル（あるいはそれ以上！）。学校や職場などの公的な場面や対外的には国語を使い、台湾人同士の気のおけないやりとりには台湾語を使う、というように使い分けたり、国語での会話の中にぽつぽつ台湾語の語彙が混じる、といった具合で無意識に使っています。日本でいうと、東京に出てきた地方の人が、普段は標準語で話すけれど、同郷の人と会うとその地方の方言で話したり、標準語で話しているつもりでも訛りが混じってしまうのと同じですね。もっとも、方言の1つとはいいながら、その隔たりはまるで外国語ほど大きいのですが…。

　外国人にとっても、台湾語とは日常的に接する機会も多くあります。日常生活でよく見かける台湾語のことばをご紹介しましょう。台湾語のことばには、もともと閩南語にあったことばのほかに、日本語に由来することばもあります。書くときには漢字をあてて使われているのですが、実際の生活では台湾語で発音されます。

台湾語の漢字表記	台湾語の発音	意味
牽手	カンチュウ	妻・奥さん（華語の発音で「ちえんしょう」と読むと「手を繋ぐ」という意味）
撇步	ピィェボー	良い方法
古錐	ゴーズイ	可愛い
阿莎力	アッサリ	性格ややり方がさっぱりしている
愛睏	アイクン	眠い
龜毛	グモー	細かいことに優柔不断である（華語の発音「ぐぇいまお」と読んでもOK）
黒白講	オーベーゴン	でたらめを言う
鬱卒	ウッズ	気持ちがふさぐ、晴れ晴れしない
無法度	ボファドー	仕方ない
歹勢	パイセー	ごめんなさい

Unit 3
よく使うフレーズを書いてみよう！

　日常生活でよく使う華語のフレーズを書いてみましょう。
　ここで基本の形を練習したら、Unit 2 で練習した、さまざまなことばを入れて応用できるようになり、旅行などでも筆談で簡単なコミュニケーションができるようになるでしょう。
　また、繁体字で書けるとかっこいい、四字熟語やことわざなどもあげました。最後にはグリーティングカードの書き方を紹介しています。これらを使って、お祝いごとなどで手書きのメッセージを贈ることができれば、とっても喜んでもらえます。
　これをスタートに、華語の勉強を深めていってくださいね。

＊音声は原則として左ページから、左上→右下の順に読んでいます。

1 こんにちは！

日常のあいさつフレーズを書いてみましょう。

🟠 こんにちは！

●基本形

你好
にぃはお
nǐ hǎo　こんにちは

「こんばんは」にも使います。

●バリエーション

早安
ざぁおあん
zǎo'ān　おはよう

"早"でもOK。"早上好"は台湾ではあまりいいません。

晚安
わんあん
wǎn'ān　おやすみ

「こんばんは」のような感覚で使う人もいるようです。

🟠 Yes ／ No

●基本形

是 ／ 不是
しー　　ぶぅしー
shì　はい　　bú shì　いいえ

●バリエーション

對 ／ 不對
どぇい　　ぶぅどぇい
duì　そう　　bú duì　ちがいます

「正しい」か「正しくない」かの返事です。

有 ／ 沒有
よう　　めいよう
yǒu　ある　　méiyǒu　ない

「ある」か「ない」かの返事です。

🟠 ありがとう！

謝謝
しえしえ
xièxie　ありがとう

「TKS」と書く人もいます。「thanks」の略語です。

不客氣 ／ 不會
ぶぅくぁちぃ　　ぶぅほぇい
bú kèqì　どういたしまして　　bú huì　とんでもない

台湾語にちなんだ表現で、よく重ねていいます。

✏️ 筆順メモ

ごめんなさい

不好意思
ぶうはおいいすー
bù hǎoyìsi　ごめんなさい

對不起
どぇいぶぅちぃ
duìbuqǐ　すみません

抱歉
ばおちぇん
bàoqiàn　申し訳ありません

沒關係
めいぐわんしー
méi guānxi　大丈夫です

> 前のページにある"不會,不會"もよくいいます。"係"は第1声で読むことが多いです。

さようなら！

●基本形

再見
づぁいじえん
zàijiàn　さようなら

> 日本語の「さようなら」という音に当てた"莎哟娜啦"という当て字もあります。

拜拜
ばいばい
bàibài　バイバイ

> 英語の「bye-bye」の当て字です。注音符号を気にせず、英語のように発音してください。

●バリエーション

回頭見
ほぇいとうじえん
huítóu jiàn　また後で

> "等一下見""待會(兒)見"ともいいます。

下次見
しあつーじえん
xià cì jiàn　また今度

(請)慢走
(ちぃン) まんづぉう
(qǐng) màn zǒu　お気をつけて

> お客さんを見送る時によく使います。

【拜】　´ ⺊ ≡ 扌 手 扌 拝 拝 拜

2 いつですか？ いくらですか？

時間や金額について尋ねるフレーズです。

時刻を尋ねる

●基本形

幾點？
じぃでぃえん
Jǐ diǎn? 何時？

"在"の3画目の縦棒は突き出ません。

●バリエーション

現在幾點？
しぇんづぁい じぃでぃえん
Xiànzài jǐ diǎn? 今何時ですか？

幾點出發？
じぃでぃえん ちゅうふぁぁ
Jǐ diǎn chūfā? 何時に出発しますか？

●答え

三點。
さんでぃえん
Sān diǎn. 3時

三點半。
さんでぃえん ばん
Sān diǎn bàn. 3時半

"○點"は「○時」。「○」に日本語と同じ数字を入れます。ただし、2時だけは「二點」ではなく"兩點"（りあんでぃえん）なので注意！ 「○分」は日本語と同じで"○分"（ふぇん）。「30分」は"半"でOKです。
ふつう、時間の前に時間帯をつけて、次のように「午前○時」「午後○時」といいます。

「朝」　："早上"（ざぁおしゃぁん） … "早上六點"「朝6時」
「午前」："上午"（しゃぁんうぅ） … "上午十點"「午前10時」
「午後」："下午"（しあうぅ） … "下午三點"「午後3時」
「夜」　："晚上"（わんしゃぁん） … "晚上七點"「夜7時」

数字

零	一	二	三	四	五	六	七	八	九	十
りぃん	いー	ああ	さん	すー	うぅ	りう	ちー	ばー	じう	しー
líng 0	yī 1	èr 2	sān 3	sì 4	wǔ 5	liù 6	qī 7	bā 8	jiǔ 9	shí 10

十一	三十	一百	一千	一萬	兩
しーいー	さんしー	いぃばい	いぃちぇん	いぃわん	りあん
shíyī 11	sānshí 30	yì bǎi 100	yì qiān 1000	yí wàn 10000	liǎng 2 (つ)

時刻・時間や個数などの「2」で使います。

所要時間を尋ねる

●基本形

多久？
どうおじう
Duōjiǔ?　どのくらい？

●答え

一個小時。
いいごぁ しあおしー
Yí ge xiǎoshí.　1時間

●バリエーション

要多久？
やお どうおじう
Yào duōjiǔ?　どのくらいかかる？

例えば「空港までどのくらいかかりますか？」と尋ねるなら、前に尋ねたい場所をつけて、"到機場要多久？"（だおじーちゃぁん やどぅおじう）と尋ねます。
　時刻の言い方と所要時間の言い方はちょっと違っていて、「○時間」は "○個小時" といいます。
「○分間」："○分鐘"（～ふぇんじょん）
「○時間半」："○個半小時"（～ごぁばんしゃおしー）

ねだんを尋ねる

●基本形

多少錢？
どうおしゃおちえん
Duōshǎo qián?　いくら？

●答え

正式表記　一百圓。
いいばい ゆえん
Yìbǎi yuán.　100台湾ドル

一般表記　一百元。
いいばい ゆえん
Yìbǎi yuán.　100台湾ドル

話すとき　一百塊錢。
いいばい くわいちえん
Yìbǎi kuài qián.　100台湾ドル

●バリエーション

這個多少錢？
ぢょぁごぁ どうおしゃおちえん
Zhège duōshǎo qián?　これはいくら？

一個多少錢？
いいごぁ どうおしゃおちえん
Yí ge duōshǎo qián?　1個いくら？

一共多少錢？
いいごぉン どうおしゃおちえん
Yígòng duōshǎo qián?　全部でいくら？

「台湾ドル（ニュー台湾ドル、TWD）」は "(新) 台幣"（(しん) たいびぃ）といいます。
　台湾の貨幣に書かれている台湾ドルの基本単位は "圓" ですが、日常生活では "元" と書かれます。そして話すときには "塊（錢）" といいます。

3 いくつですか？

個数を尋ねるフレーズと、モノの数え方を見てみましょう。

個数を尋ねる

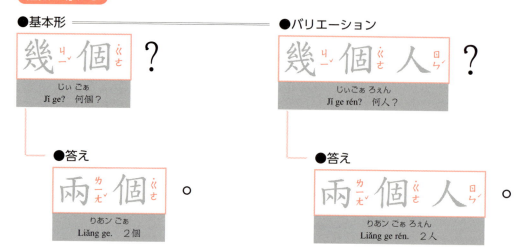

"個"は日本語と同じ「個」で、モノの数を表す単位（助数詞）です。モノだけでなく、人の数も"個"で表せます。
　助数詞は日本語と同じように、数えるモノによって変わりますが、"個"は広く人や事物に使うことができるオールマイティーな助数詞なので、ぴったりの助数詞がわからないときは、とりあえず"個"を使っておきましょう。

～個ほしいです

●基本形

うお やお ～ ごぁ ～
Wǒ yào ... ge ...　私は～が～個ほしいです

買い物などでほしい数を伝えるときに使えるフレーズです。
　なお、2018年から、台湾ではレジ袋の無料提供が禁止されました。バリエーションのフレーズで購入してください。

●バリエーション

我 要 兩 個 袋 子 。
うお やお りあン ごぁ だいづ
Wǒ yào liǎng ge dàizi.　私は袋が2つほしいです

●答え

好 。
はお
Hǎo.　はい

基本の助数詞

"個"のほかには、次のような助数詞があります。基本的なものなので、ぜひ使ってみてください。
使い方は、「数字」+「助数詞」+「モノの名前」の語順です。(なぞり書きの字のみ音声収録しています)

べん
běn ～冊

本や雑誌などに使います。
一本書 (いぃ べん しゅー)「1冊の本」
兩本雜誌 (りあん べん ざーぢー)「2冊の雑誌」

ぢゃぁん
zhāng ～枚

紙・写真・紙幣など平たいものに使います。
三張照片 (さん ぢゃぁん ぢゃおぴぇん)「3枚の写真」

しゅあん
shuāng ～組

靴下、箸、手など、2つでペアのものに使います。
四雙筷子 (すー しゅあん くわいづ)「4膳のお箸」

べい
bēi ～杯

コップに入ったお茶、コーヒー、お酒などに使います。
五杯茶 (うぅ べい ちゃあ)「5杯のお茶」

ぴぃん
píng ～瓶

瓶に入った飲み物などに使います。
六瓶牛奶 (りう ぴぃん にうない)「6瓶の牛乳」

ぴぇん
piàn ～片

はがき、食パンなど平たく薄いものに使います。
七片土司 (ちー ぴぇん とぅすー)「7枚のトースト」

くわい
kuài ～個

ケーキ、肉、石けんなど(かたまり状のもの)に使います。
八塊蛋糕 (ばぁ くわい だんがお)「8つのケーキ」

件
じぇん
jiàn ～着、件

荷物、衣服、事柄などに使います。
九件衣服 (じう じぇん いーふぅ)「9着の服」

ごぉんこぁ
gōngkè ～グラム

中国本土では"克"。
十公克 (しー ごぉんこぁ)「10g」

ごぉんじん
gōngjīn ～キログラム

中国本土も同じです。
十一公斤 (しーいー ごぉんじん)「11kg」

公噸
ごぉんどぅん
gōngdùn ～トン

中国本土では"吨"。
十二公噸 (しーあぁ ごぉんどぅん)「12t」

ごぉんふぇん
gōngfēn ～センチメートル

中国本土では"厘米"。
十三公分 (しーさん ごぉんふぇん)「13cm」

ごぉんちー
gōngchǐ ～メートル

中国本土では"米"。
十四公尺 (しーすー ごぉんちー)「14m」

ごぉんりぃ
gōnglǐ ～キロメートル

中国本土も同じです。
十五公里 (しーうぅ ごぉんりぃ)「15km」

4 どこですか？ なんですか？

場所やモノについて尋ねるフレーズです。

場所を尋ねる

●基本形

哪裡？
なぁりぃ
Nǎlǐ? どこ？

●バリエーション

服務台在哪裡？
ふうううたい づぁい なぁりぃ
Fúwùtái zài nǎlǐ? サービスカウンターはどこですか？

●答え

在那裡。
づぁい なぁりぃ
Zài nàlǐ. あそこにあります

"哪裡"は場所を尋ねる疑問詞です。"哪兒"（なぁあ）ともいいます。「○○はどこにありますか？」は、前に場所をつけて"○○在哪裡？"、会話では"在哪？"（づぁい なぁ）といいます。この"在"は「～にいる、～にある」という意味を表す動詞で、「主語（人・物）＋"在"＋目的語（場所）」という順番で使い、〈主語（人・物）〉は〈目的語（場所）〉にある」という意味を表します。
なお、"哪"と"那"は発音も違うので注意してください。

物を尋ねる

●基本形

什麼？
しぇんもぁ
Shénme? なに？

●バリエーション

這是什麼？
ぢょぁ しー しぇんもぁ
Zhè shì shénme? これはなんですか？

●答え

是日式甜點。
しー りぃしー てぃえんでぃえん
Shì rì shì tiándiǎn. 和菓子です

"什麼"は物について尋ねる疑問詞です。発音は、ここでは辞書どおりの表記で記載していますが、会話ではよく「低く（第3声）＋上げる（第2声）」になります。尋ねたい物を指差しながら、バリエーションのように尋ねてみましょう。「あれは～？」なら"這"を"那"（なぁ）にします。
"是"は「～である」という意味で、人、事物、状況などに対する判断を表す動詞です。「主語＋"是"＋目的語」の形で、〈主語〉は〈目的語〉である」という意味になります。

基本の疑問詞

ほかにも、さまざまな人や物、場所や時間、方法や理由などを尋ねる疑問文をつくる疑問詞があります。基本の疑問詞を知っていると、旅行中などでなにか困ったことがあったときにも応用できるでしょう。問いと答えのフレーズを例に挙げました。（なぞり書きの字のみ音声収録しています）

哪個？ なぁごぁ　nǎge　どれ？

你要哪個？（にぃ やお なぁごぁ）「あなたはどれがほしいですか？」
我要那個。（うお やお なぁごぁ）「私はそれがほしいです」

什麼地方？ しぇんもぁ でぃーふぁあン　shénme dìfāng　どこ？

"哪裡" とほぼ同じです。
你要去什麼地方？（にぃ やお ちゅい しぇんもぁ でぃーふぁあン）「あなたはどこへ行きますか？」
我要去台北車站。（うお やお ちゅい たいべい ちょぁぢゃん）「私は台北駅へ行きます」

什麼時候？ しぇんもぁ しーほう　shénme shíhòu　いつ？

時刻や所要時間ではなく、なにかを行う「時期」を尋ねます。
你什麼時候回來？（にぃ しぇんもぁ しーほう ほぇいらい）「あなたはいつ戻ってきますか？」
下午三點左右。（しあうぅ さんでぃえん ぢぉよう）「午後3時ごろです」

為什麼？ うぇいしぇんもぁ　wèi shénme　なぜ？

理由を尋ねます。
為什麼那麼慢？（うぇいしぇんもぁ なぁもぁ まん）「どうしてそんなに遅いの？」

誰？ しぇい　shéi　だれ？

你找誰？（にぃ ぢゃお しぇい）「だれをお探しですか？」
我找陳先生。（うお ぢゃお ちぇんしぇんしょン）「陳さんを探しています」
誰是陳先生？「どなたが陳さんですか？」
我是。「私です」

怎麼～？ ぢぇんもぁ　zěnme　どうやって～？

後ろに動詞をつけて、その方法や手段を尋ねます。
去行天宮怎麼走？（ちゅい しぃんてぃえんごぁン ぢぇんもぁ ぢぉう）「行天宮にはどうやって行きますか？」
一直走就會到。（いぃぢー ぢぉう じう ほぇい だお）「まっすぐ行けば着きます」

怎麼樣？ ぢぇんもやン　zěnmeyàng　どうですか？

意見を尋ねたりするときに使います。
這個怎麼樣？（ぢぇいごぁ ぢぇんもやン）「これはどうですか？」
有點小。（ようでぃえん しあお）「ちょっと小さいです」

③ どこですか？　なんですか？

5 〜したいです 〜してください

希望や要求を伝えるフレーズです。

〜したいです

●基本形

我（メで） 想（Tぁｎ）〜
うお しあん
Wǒ xiǎng　私は〜したい

"想"は、「〜したいと思う」「〜するつもりである」という意味を表す助動詞です。後ろに動詞をつけて使います。バリエーションのフレーズは、両替のシーンで使えるフレーズです。ほかに例えばタクシーで行き先を伝えるには、「行く」という動詞"去"をつけて、「○○へ行きたいです」"我想去○○"といいます。「○○を見たいです」なら「見る」という動詞"看"をつけて"我想看○○"です。

●バリエーション

我（メで） 想（Tぁｎ） 換（ㄏㄨㄢ） 三（ㄙㄢ） 萬（ㄨㄢ） 日（ㄖ） 幣（ㄅㄧ）。
うお しあん ほわん さんわん りぃびぃ
Wǒ xiǎng huàn sānwàn rìbì.　私は3万円両替したいです

●答え
好 的 。
はおだ
かしこまりました

〜してください

●基本形

請（くㄥ） 你（ㄋㄧ）〜
ちぃん にぃ
Qǐng nǐ　〜してください

"請"は「どうぞ〜してください」という意味の動詞で、相手に何か頼むときに使います。"請"の後ろの"你"は省略してかまいません。バリエーションのフレーズは、タクシーを呼んでもらいたいときのフレーズで、"幫我"は「私を助ける」という意味です。「タクシーを呼ぶ」"叫計程車"は"叫車"ともいいます。
また、何か尋ねたいときに"請問〜"（ちぃんうぇん）とつけるととても丁寧です。

●バリエーション

請（くㄥ） 你（ㄋㄧ） 幫（ㄅㄤ） 我（メで） 叫（ㄐㄧㄠ） 計（ㄐㄧ） 程（ㄔㄥ） 車（ㄔㄜ）。
ちぃん にぃ ばぁん うお じあお じぃちょんちょぁ
Qǐng nǐ bāng wǒ jiào jìchéngchē.　タクシーを呼んでください

"叫"の右側にある"乚"はつなげて書きます。

●答え
好 的 。　請 稍 等 。
はおだ　　　ちぃん しゃおでぅン
かしこまりました　少々お待ちください

筆順メモ

6 〜してもいいですか？

許可を求めたり、可能かどうかを尋ねるフレーズです。

〜してもいいですか？

●基本形

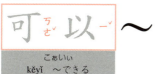
こぁいい
kěyǐ 〜できる

"可以"は「〜できる」という意味で、"可以〜嗎？"という疑問形を使うと、「〜してもいいですか？」と、許可を求めるフレーズにすることができます。バリエーションのフレーズにある「タバコを吸う」という意味の"抽菸"は"吸菸"ともいい、"菸"は"煙"とも書きます。ほかに例えば「写真を撮ってもいいですか？」は"可以拍照嗎？"（こぁいい ぱいぢぁおま）といいます。

●バリエーション

ぢょありぃ こぁいい ちょういえんま
Zhèlǐ kěyǐ chōu yān ma? ここでタバコを吸ってもいいですか？

●答え

可以。　　不可以。
こぁいい　　ぶぅ こぁいい
いいです　　だめです

〜してくれませんか？

●基本形

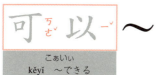
こぁいい
kěyǐ 〜できる

同じ"可以〜嗎？"で、「〜できますか？」「〜してもらえませんか？」と、相手に要望を伝えて同意を求めることもできます。バリエーションのフレーズを使って、値段交渉してみましょう。前のページにある「タクシーを呼んでください」というフレーズは、"可以幫我叫計程車嗎？"と言い換えることができます。

●バリエーション

こぁいい ぴえんいい いいでぃえんま
Kěyǐ piányí yìdiǎn ma? 少し安くしてくれませんか？

●答え

好啊！　　沒辦法。
はおあ　　めい ばんふぁ
いいですよ　無理です

【菸】 一 艹 艹 艹 艹 艹 艽 芳 荶 菸 菸

7 基本の動詞

台湾華語で使う、基本中の基本の動詞を24個挙げました。
UNIT 2の名詞と組み合わせて使ってみましょう。

たとえばあるメニューを注文したいとき、メニューそのものの名前はわからなくても、食べたいものを指差して「食べる」とだけ表現すれば、相手も「ああ、これがほしいんだな」とわかりますよね。このように、なんらかの意思を伝えるには、まず動詞が必要です。以下の動詞を使って、いろいろな意思を表現してみましょう。

基本の語順
例：私はこれを食べる。

※〈動詞＋目的語〉のフレーズ全体が文の述語となります。

 qù 行く
- 我去夜市。（うお ちゅい いえしー）「私は夜市へ行く」
- 我去按摩。（うお ちゅい あんもぉ）「私はマッサージに行く」

 lái 来る
- 你來日本。（にぃ らい るぃーべん）「あなたは日本に来る」
- 他來吃飯。（たー らい ちーふぁん）「彼は食事に来る」

 tīng 聴く
- 我聽音樂。（うお てぃン いんゆえ）「私は音楽を聞く」
- 我聽廣播。（うお てぃン ぐあんぼー）「私は放送を聞く」

 kàn 見る
- 我看電視。（うお かん でぃえんしー）「私はテレビを見る」
- 我看菜單。（うお かん つぁいだん）「私はメニューを見る」

 shuō 話す
- 說話（しゅおほわ）「話す」
- 我會說中文。（うお ほえい しゅお ぢゅンうぇん）「私は中国語が話せる」

 wèn 問う
- 我想問你。（うお しあン うぇん にぃ）「私はあなたに尋ねたい」
- 請問（ちぃン うぇん）「すみません、お尋ねします」

 hē 飲む
- 我喝豆漿。（うお ほぁ どうじあン）「私は豆乳を飲む」
- 我喝台灣啤酒。（うお ほぁ たいわん ぴぃじう）「私は台湾ビールを飲む」

 mǎi 買う
- 我買那個。（うお まい なぁごぁ）「私はそれを買う」
- 我買一個。（うお まい いぃごぁ）「私は1個買う」

 yòng 使う
- 我用悠遊卡。（うお よン ようようかぁ）「私は悠遊カードを使う」
- 我用無線網路。（うお よン うぅしぇん わぁンるぅ）「私はWi-Fiを使う」

 dǎ 打つ
「打つ」以外にも、いろいろな意味で使います。
- 打電話（だぁ でぃえんほわ）「電話をかける」
- 打雷（だぁ れい）「雷が鳴る」
- 打哈欠（だぁ はぁちえん）「あくびをする」

✏ 筆順メモ

③ 基本の動詞

坐 ㄗㄨㄛˋ zuò 座る
- 請坐。（ちぃン づぉ）「お座りください」
- 乗り物に「乗る」の意味もあります。
- 我坐公車。（うぉ づぉ ごぉンちょぉ）「私はバスに乗る」

騎 ㄑㄧˊ qí 乗る
- 自転車、バイクなどにまたがって「乗る」。
- 我騎腳踏車。（うぉ ちぃ じあおたぁちょぉ）「私は自転車に乗る」

回 ㄏㄨㄟˊ huí 戻る
- 我回國。（うぉ ほぇいぐぉ）「私は帰国する」
- 我回飯店。（うぉ ほぇい ふぁんでぃえん）「私はホテルに戻る」

找 ㄓㄠˇ zhǎo 探す
- 我找地圖。（うぉ じゃお でぃとぅ）「私は地図を探す」
- 「釣り銭を出す」の意味もあります。
- 找零錢（じゃお りぃンちぇん）「お釣りを出す」

給 ㄍㄟˇ gěi あげる
- 我給你這個。（うぉ げい にぃ ぢょぁごぁ）「私はあなたにこれをあげる」
- 請給我收據。（ちぃン げい うぉ しょうじゅい）「領収書をください」

走 ㄗㄡˇ zǒu 歩く
- 走路（づぉうるぅ）「道を歩く」
- 「行く」の意味もあります。
- 我走了。（うぉ づぉうら）「私はもう行きます」

喜歡 ㄒㄧˇㄏㄨㄢ xǐhuān 好きである
- 我喜歡那個。（うぉ しぃほわん なぁごぁ）「私はそれが好きだ」
- 我喜歡看書。（うぉ しぃほわん かんしゅう）「私は読書が好きだ」

知道 ㄓㄉㄠˋ zhīdào わかる
- 我知道了。（うぉ ぢーだおら）「わかりました」
- 你知道嗎？（にぃ ぢーだおま）「あなた知ってますか？」

覺得 ㄐㄩㄝˊㄉㄜ˙ juéde 感じる、～と思う
- 你覺得如何？（にぃ じゅえだ るぅほぁ）「あなたはどう思いますか？」
- 我覺得不錯。（うぉ じゅえだ ぶぅつぉ）「いいと思います」

睡覺 ㄕㄨㄟˋㄐㄧㄠˋ shuìjiào 寝る
- 我想睡覺。（うぉ しあン しゅえいじあお）「私は寝たい」
- 該睡覺了。（がい しゅえいじあお ら）「そろそろ寝る時間です」

休息 ㄒㄧㄡㄒㄧ˙ xiūxí 休む
- 我想休息。（うぉ しあン しうしぃ）「私は休みたい」
- 早點休息。（づぁおでぃえン しうしぃ）「早く休んでください」

注意 ㄓㄨˋㄧˋ zhùyì 注意する
- 請注意。（ちぃン ぢゅういい）「ご注意ください」
- 注意安全。（ぢゅういい あんちゅえン）「身の安全に注意」

応用

否定するときは、動詞の前に"不"（ぶぅ）を入れます。

例：私はこれを食べる。　　私はこれを食べない。

我吃這個。　▶　我**不**吃這個。

疑問にするときは、文の最後に"嗎？"（ま）をつけます。

例：私はこれを食べる。　　あなたはこれを食べますか？

我吃這個。　▶　你吃這個**嗎？**

有 ㄧㄡˇ yǒu ある
- 「ある」「いる」「持っている」という意味です。
- 我有相機。（うぉ よう しあンじー）「私はカメラを持っている」
- 這裡有榴槤。（ぢょぁりぃ よう りぅりえん）「ここにドリアンがある」
- 否定するときは、"沒"（めい）を使います。
- 我沒有相機。（うぉ めいよう しあンじー）「私はカメラを持っていない」
- 這裡沒有榴槤。（ぢょぁりぃ めいよう りぅりえん）「ここにはドリアンがない」

【覺】

8 基本の形容詞

名詞、動詞と合わせて、形容詞も少し知っていると、伝えられることの幅が広がります。台湾華語で使う、基本中の基本の形容詞を23個挙げました。

おいしいものを食べたら「おいしい！」と言いたいですよね。そうした場合に使うのが形容詞です。ほかにも、夏にクーラーが効きすぎていて寒いとき、頭が痛くて苦しいときなど、いろいろな状況を説明したいときにも使えます。

基本の語順

例：おいしい

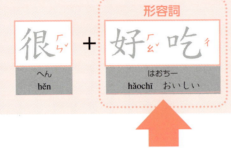

※ "很" には「とても」という意味がありますが、ほとんどの場合、ただリズムを整える役割を果たすだけで、「とても」の意味はありません。

我很好。（うぉ へん はお）
「私は元気です」
太好了！（たい はお ら）
「しめた！　やったー！」

今天很熱。（じんてぃえん へん ろぁ）
「今日は暑い」
「熱い」の意味もあります。
熱咖啡（ろぁ かーふぇい）「ホットコーヒー」

高鐵很快。（がおてぃえ へん くわい）
「新幹線は速い」
快點！（くわいでぃえん）
「はやく！急げ！」

你餓了嗎？（にぃ おぁ ら ま）
「お腹がすきましたか？」
我餓了。（うぉ おぁ ら）
「すきました」

頭很痛。（とう へん とぅン）
「頭が痛い」
傷口很痛。（しゃぁンこう へん とぅン）
「傷口が痛い」

脾氣很壞。（ぴぃちぃ へん ほわい）
「気立てが悪い」
壞天氣（ほわい てぃえんちぃ）
「悪天候」

車上很冷。（ちょぁしゃぁン へん れぅン）
「車内は寒い」
「冷たい」の意味もあります。
冷飲（れぅンいん）「コールドドリンク」

動作很慢。（どぉンづぉ へん まん）
「行動が遅い」
慢慢來。（まんまん らい）
「ゆっくりで」

我渴了。（うぉ こぁ ら）
「私はのどが渇いた」
我好渴。（うぉ はお こぁ）
「とてものどが渇いた」

芒果很甜。（まぁングぉ へん てぃえん）
「マンゴーは甘い」
甜豆漿（てぃえんどうじあン）
「甘味のついた豆乳」

③ 基本の形容詞

貴 ㄍㄨㄟˋ ぐぇい guì 値段が高い
這件衣服很貴。（ぢょぁじえん いーふぅ へん ぐぇい）
「この服は高い」
太貴了！（たい ぐぇい ら）
「高すぎる！」

便宜 ㄆㄧㄢˊ ㄧ ぴえんいい piányi 値段が安い
水果很便宜。
（しゅえいぐお へん ぴえんいい）
「果物は安い」
"宜"は第2声で読むことが多いです。

高興 ㄍㄠ ㄒㄧㄥˋ がおしぃンˋ gāoxìng うれしい
認識您我很高興。
（ろぇんしー にん うお へん がおしぃン）
「あなたとお知り合いになれて うれしいです」

開心 ㄎㄞ ㄒㄧㄣ かいしん kāixīn 楽しい
今天玩得很開心。
（じんてぃえん わんだ へん かいしん）
「今日は楽しかったです」

有趣 ㄧㄡˇ ㄑㄩˋ ようちゅぃ yǒuqù おもしろい
她說話很有趣。
（たー しゅおほわ へん ようちゅぃ）
「彼女の話はおもしろい」

不錯 ㄅㄨˋ ㄘㄨㄛˋ ぶぅつぅお búcuò なかなか良い
這裡的環境很不錯。
（ぢょぁりぃだ ほわんじぃン へん ぶぅつぅお）
「ここの環境はなかなか良い」

方便 ㄈㄤ ㄅㄧㄢˋ ふぁあんぴえん fāngbiàn 便利である
那裡很方便。
（なぁりぃ へん ふぁあんぴえん）
「そこは便利だ」

舒服 ㄕㄨ ㄈㄨˊ しゅうふぅ shūfu 気持ちがいい
這個床很舒服。
（ぢょぁごぁ ちゅあン へん しゅうふぅ）
「このベッドは快適だ」

好看 ㄏㄠˇ ㄎㄢˋ はおかん hǎokàn きれいである
這條裙子很好看。
（ぢょぁ てぃあお ちゅぃんづ へん はおかん）
「このスカートはきれいだ」

可愛 ㄎㄜˇ ㄞˋ こぁあい kě'ài かわいい
她很可愛。
（たー へん こぁあい）
「彼女はかわいい」

安靜 ㄢ ㄐㄧㄥˋ あんじぃン ānjìng 静かである
這裡很安靜。
（ぢょぁりぃ へん あんじぃン）
「ここは静かだ」

乾淨 ㄍㄢ ㄐㄧㄥˋ がんじぃン gānjìng 清潔である
這個房間很乾淨。
（ぢょぁごぁ ふぁあんじえん へん がんじぃン）
「この部屋はきれいだ」

応用

否定するときは、"很"を消して"不"（ぶぅ）を入れます。
例：おいしい。　　　おいしくない。
　　很好吃。 ▶ 不好吃。

「とても」というには、"非常"（ふぇいちゃぁン）などを使います。
例：おいしい。　　　とてもおいしい。
　　很好吃。 ▶ 非常好吃。

疑問にするときは、"很"を消して"嗎？"（ま）をつけます。
例：おいしい。　　　おいしいですか？
　　很好吃。 ▶ 好吃嗎？

"太～了！"（たい～ら）で、もっと強調できます。
例：おいしい。　　　おいしすぎる！
　　很好吃。 ▶ 太好吃了！

9 助けて！ 緊急時のフレーズ

思わぬトラブルに遭遇したときに使えるフレーズです。

助けて！	救命！	Jiùmìng!
パスポートをなくしました	我護照掉了。	Wǒ hùzhào diào le.
財布を盗まれました	我錢包被偷了。	Wǒ qiánbāo bèi tōu le.
荷物が見つかりません	我找不到行李。	Wǒ zhǎobúdào xínglǐ.
ドアが開きません	門打不開。	Mén dǎbùkāi.
お腹をこわしました	我吃壞了肚子。	Wǒ chīhuàile dùzi.
ここが痛いです	這裡好痛。	Zhèlǐ hǎo tòng.
保険に加入しています	我有買保險。	Wǒ yǒu mǎi bǎoxiǎn.
ここに電話してください	電話請打到這裡。	Diànhuà qǐng dǎdào zhèlǐ.

10 お祝いのことば

手紙などでひとこと書き添えると、とても喜ばれます。ぜひ自筆で書いてみましょう。

誕生日おめでとう	生日快樂　しょんりぃ くわいろぁ　shēngrì kuàilè	同じ形を使って、「メリークリスマス」"聖誕(節)快樂"「よい週末を」"週末快樂"というふうに応用できます。
あけましておめでとう	新年快樂　しんにえん くわいろぁ　xīnnián kuàilè	
幸運を！	祝好運　ぢゅう はおゆいん　zhù hǎoyùn	"祝好"だけでもOK。
仕事が順調に行きますように	祝工作順利　ぢゅう ごぉんづぅお しゅんりぃ　zhù gōngzuò shùnlì	「試験が順調にいきますように」なら"工作"を"考試"に置き換えます。
試験に合格できますように	祝金榜題名　ぢゅう じんぱぁん てぃーみぃン　zhù jīnbǎng tímíng	
末永く仲良く	祝百年好合　ぢゅう ばいにえん はおほぁ　zhù bǎi nián hǎo hé	結婚のお祝いのフレーズです。「結婚おめでとう」は"(祝)新婚愉快"。
元気で楽しく過ごせますように	祝平安喜樂　ぢゅう ぴぃんあん しぃろぁ　zhù píng'ān xǐlè	
道中ご無事で。よい旅を！	祝一路順風　ぢゅう いいるう しゅんふぉン　zhù yí lù shùnfēng	"(祝)一路平安"もよく使います。

下の7つは、話すときは"你(您)"を入れて、"祝你(您)〜"といいます。音声には"你"を入れています。

祝身體健康、萬事如意
ぢゅう しぇんてぃ じえんかぁン わんしー るぅいい
zhù shēntǐ jiànkāng, wànshì rúyì
健康で万事思いの通りにうまくいきますように

四字熟語・ことわざ

四字熟語やことわざをスラッと繁体字で書けたら、とてもかっこいいですね！日本語、簡体字表記とも比べてみましょう。

日本語にも近い熟語があるもの

起承轉合
ちぃ ちょん ぢゅわん ほぁ　qǐ chéng zhuǎn hé
日 起承転結
簡 起承转合

自作自受
ゴーヅぅおゴーしょう　zì zuò zì shòu
日 自業自得
簡 自作自受

優柔寡斷
ようろぅう ぐあどわん　yōu róu guǎ duàn
日 優柔不断
簡 优柔寡断

畫龍點睛
ほわ ロン でぃえん じぃン　huà lóng diǎn jīng
日 画竜点睛を欠く
簡 画龙点睛

光明正大
ぐあんみぃン ぢょんだぁ　guāng míng zhèng dà
日 公明正大
簡 光明正大

情投意合
ちぃン とう いぃ ほぁ　qíng tóu yì hé
日 意気投合
簡 情投意合

日本語の熟語とはかなり形が違うもの

一樣米養百樣人
いぃやン みぃやン ばいやン ろぇン　yí yàng mǐ yǎng bǎi yàng rén
日 十人十色
簡 一样米养百样人

直訳すると「同じ米、ご飯を食べても、それぞれ違う性格になる」です。

三天打魚，兩天晒網
さんてぃえん だぁゆい　りあンてぃえん しゃいわぁン　sān tiān dǎ yú, liǎng tiān shài wǎng
日 三日坊主
簡 三天打鱼，两天晒网

直訳すると「3日間漁をして、2日間網を干す」。長続きしないことを表したことばです。

日本語では熟語としてあまり使われていないもの

青梅竹馬 (ㄑㄧㄥ ㄇㄟˊ ㄓㄨˊ ㄇㄚˇ)
ちぃん めい ぢゅう まぁ　qīng méi zhú mǎ
- 日 （男女のペアの）おさななじみ
- 簡 青梅竹马

花言巧語 (ㄏㄨㄚ ㄧㄢˊ ㄑㄧㄠˇ ㄩˇ)
ほわいえん ちゃおゆい　huā yán qiǎo yǔ
- 日 口先だけのうまい言葉、人を引きつける嘘
- 簡 花言巧语

大名鼎鼎 (ㄉㄚˋ ㄇㄧㄥˊ ㄉㄧㄥˇ ㄉㄧㄥˇ)
だぁ みぃん でぃン でぃン　dà míng dǐng dǐng
- 日 とても有名だ、名声が知れ渡っている
- 簡 大名鼎鼎

耳目一新 (ㄦˇ ㄇㄨˋ ㄧ ㄒㄧㄣ)
ああむぅ いいしん　ěr mù yì xīn
- 日 見ること聞くことすべてが新しく変わる
- 簡 耳目一新

各有千秋 (ㄍㄜˋ ㄧㄡˇ ㄑㄧㄢ ㄑㄧㄡ)
ごぁ よう ちぇん ちぅ　gè yǒu qiān qiū
- 日 それぞれ長所がある
- 簡 各有千秋

古色古香 (ㄍㄨˇ ㄙㄜˋ ㄍㄨˇ ㄒㄧㄤ)
ぐぅそぁ ぐぅしあン　gǔ sè gǔ xiāng
- 日 古めかしく趣ある芸術品、古色蒼然
- 簡 古色古香

好事多磨 (ㄏㄠˇ ㄕˋ ㄉㄨㄛ ㄇㄛˊ)
はお しー どぅお もぉ　hǎo shì duō mó
- 日 よいことには多くの困難がある、好事魔多し
- 簡 好事多磨

截然不同 (ㄐㄧㄝˊ ㄖㄢˊ ㄅㄨˋ ㄊㄨㄥˊ)
じぇろぁん ぶぅとぉン　jié rán bù tóng
- 日 明らかに異なる
- 簡 截然不同

精益求精 (ㄐㄧㄥ ㄧˋ ㄑㄧㄡˊ ㄐㄧㄥ)
じぃン いい ちぅ じぃン　jīng yì qiú jīng
- 日 よりよい技術を求める、さらに磨きをかける
- 簡 精益求精

美中不足 (ㄇㄟˇ ㄓㄨㄥ ㄅㄨˋ ㄗㄨˊ)
めいぢぉン ぶぅずぅ　měi zhōng bù zú
- 日 完璧に見えても欠点がある、玉にキズ
- 簡 美中不足

落落大方 (ㄌㄨㄛˋ ㄌㄨㄛˋ ㄉㄚˋ ㄈㄤ)
るぅお るぅお だぁ ふぁあン　luò luò dà fāng
- 日 おおらかでさっぱりしている
- 簡 落落大方

平易近人 (ㄆㄧㄥˊ ㄧˋ ㄐㄧㄣˋ ㄖㄣˊ)
ぴぃン いい じンろぁん　píng yì jìn rén
- 日 親しみやすい、わかりやすい
- 簡 平易近人

③ 四字熟語・ことわざ

その他のいろいろなことわざ

日常的にとてもよく使われていることわざです。ぜひ使ってみましょう！

有志者事竟成
ようぢーぢょぁ しーじぃんちょン　yǒu zhì zhě shì jìng chéng
🇯🇵 志があれば必ず成就する
🇨🇳 有志者事竟成

活到老 學到老
ほぅおだおらお しゅえだおらお　huódào lǎo xuédào lǎo
🇯🇵 生きて行く限り学び続ける
🇨🇳 活到老学到老

求人不如求己
ちうろえん ぶぅるぅ ちうじぃ　qiú rén bùrú qiú jǐ
🇯🇵 他人に頼むより自分でやったほうがよい
🇨🇳 求人不如求己

天生我材必有用
てぃえんしょン うおつぁい ぴぃ ようよン　tiānshēng wǒ cái bì yǒuyòng
🇯🇵 天、我が材を生む、必ず用あり（天が私を生んだ以上、必ず世の役に立つためだ）
🇨🇳 天生我才必有用

失敗為成功之母
しーばい うえい ちょンごぉン ぢー むぅ　shībài wéi chénggōng zhī mǔ
🇯🇵 失敗は成功のもと
🇨🇳 失败为成功之母

不經一事，不長一智
ぶぅ じぃン いぃしー ぶぅ ぢゃぁン いぃぢー　bù jīng yí shì, bù zhǎng yí zhì
🇯🇵 経験すればそれだけ賢くなる（ひとつ経験しなければ、その分だけ知識が増えない）
🇨🇳 不经一事，不长一智

凡事起頭難

ふぁんしー ちぃとう なん　fánshì qǐtóu nán

- 日 万事最初が難しい
- 簡 凡事起头难

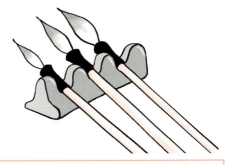

好的開始是成功的一半

はおだ かいしー しー ちょんごぉんだ いいばん　hǎo de kāishǐ shì chénggōng de yíbàn

- 日 良いスタートが成功の半分を占める、スタートが良ければ半分成功したようなものだ
- 簡 好的开始是成功的一半

團結就是力量

とわんじえ じうしー りぃりあん　tuánjié jiùshì lìliàng

- 日 団結は力なり
- 簡 团结就是力量

時間就是金錢

しーじえん じうしー じんちえん　shíjiān jiùshì jīnqián

- 日 時は金なり
- 簡 时间就是金钱

早起的鳥兒有蟲吃

ずぁおちぃ だ にあおああ よう ちょんちー　zǎoqǐ de niǎo'ér yǒu chóng chī

- 日 早起きは三文の得（早く起きた鳥には食べる虫がある）
- 簡 早起的鸟儿有虫吃

路遙知馬力，日久見人心

るうやお ぢー まぁりぃ りー じう じえん ろぇんしん　lù yáo zhī mǎlì, rì jiǔ jiàn rénxīn

- 日 道のりが遠ければ馬の力を知り、月日が経てば人の心がわかる（馬には乗ってみよ、人には添うてみよ）
- 簡 路遥知马力，日久见人心

12 便利なフレーズ

最後に、TwitterやFacebookなどでもすぐに使えるフレーズを書いてみましょう。もちろん日常生活でも使えるので、とっても便利。ぜひ使ってみてください。

あいさつ&返事

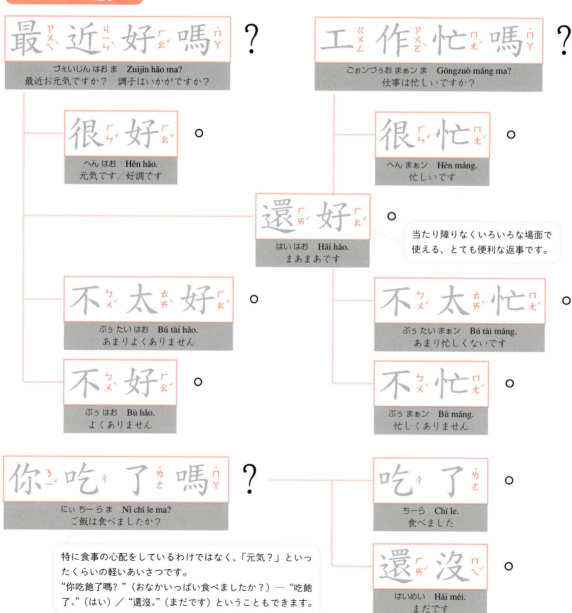

あいづち

嗯。
うん En.
うん

好！
はお Hǎo!
OK！

對！
どぇい Duì!
そう！

真的嗎？
ぢぇんだま Zhēn de ma?
本当？

是真的！
しーぢぇんだ Shì zhēn de!
本当だよ！

不會吧！
ぶぅほぇいば Bú huì ba!
ウソでしょ！

不可能！
ぶぅこぁねぅン Bù kěnéng!
ありえない！

我不知道。
うぉぶぅぢーだお Wǒ bù zhīdào.
わかりません、知りません

真羨慕你。
ぢぇんしぇんむぅにぃ Zhēn xiànmù nǐ.
本当に羨ましい

（我）開玩笑的！
（うぉ）かいわんしあおだ (Wǒ) kāiwánxiào de!
冗談だよ！

いろいろな質問

你貴姓？
にぃぐぇいしぃン Nǐ guìxìng?
お名前はなんとおっしゃいますか？

目上の人へは、"你"ではなく"您"（にん）を使います。

你住哪裡？
にぃぢゅうなぁりぃ Nǐ zhù nǎlǐ?
どこに住んでいますか？

会話ではよく、"你住哪？"といいます。

你是哪裡人？
にぃしーなぁりぃろぇん Nǐ shì nǎlǐ rén?
出身はどこですか？

右上のフレーズと似ていますが、右上は今住んでいるところを尋ねるフレーズ、こちらは出身地を尋ねるフレーズです。

你屬什麼？
にぃ しゅう しぇんもぁ　Nǐ shǔ shénme?
干支は何ですか？

中華圏の人は、わりあい干支を知りたがることが多いですね。

你是什麼星座？
にぃ しー しぇんもぁ しぃンづぅお　Nǐ shì shénme xīngzuò?
星座は何ですか？

你是什麼血型？
にぃ しー しぇんもぁ しゅえしぃン　Nǐ shì shénme xiěxíng?
血液型は何ですか？

台湾では、O型の人が一番多いです。

你有兄弟姊妹嗎？
にぃ よう しおんでぃー じえめいま　Nǐ yǒu xiōngdì jiěmèi ma?
兄弟はいますか？

你有什麼興趣？
にぃ よう しぇんもぁ しぃンちゅい　Nǐ yǒu shénme xìngqù?
趣味は何ですか？

「興味」"興趣"は、"消遣"ともいいます。

你放假都做什麼？
にぃ ふぁあんじあ どうづぅお しぇんもぁ　Nǐ fàngjià dōu zuò shénme?
休みの日は何をしますか？

「仕事は何？　お給料はいくら？」「結婚してるの？　お子さんは？」などなど、初対面でも結婚・収入・宗教・学歴・政治などについて聞いてくる人が、けっこういます。日本人のみなさんは面食らってしまうかもしれませんが、親しみたい、世話を焼きたいというホスピタリティあふれる気持ちのあらわれですから、ご安心を！

③ 便利なフレーズ

お別れ

我 先 走 了
うお しえん づぅおら　Wǒ xiān zǒu le.
お先に〜

路 上 小 心
るぅしゃン しあおしン　Lùshàng xiǎoxīn.
気をつけてね

> 友人を見送るときによく使います。

請 多 保 重
ちいン どぅお ばおぢょン　Qǐng duō bǎozhòng.
お大事に

> "請"をつけるとかなり丁寧な言い方になります。親しい友人などを見送るときには、"多保重！""保重了！""保重！"と短くすることが多いです。

保 持 聯 絡
ばおちー りえんるぅお　Bǎochí liánluò.
Keep in touch.（連絡を取り合いましょうね）

靜 候 佳 音
じぃンほう じあいン　Jìng hòu jiāyīn.
お返事をお待ちしております

> 仕事などでも使える、かなりあらたまったフレーズです。

我 要 下 線 了
うお やお しあしえンら　Wǒ yào xiàxiàn le.
落ちるね

> オンラインゲームやSNSなどのやりとりを終えるときに使います。下のフレーズは、夜に「もう寝なきゃ！」というときにも使えます。

我 差 不 多 要 睡 了
うお ちゃーぶどぅお やお しゅいら　Wǒ chàbuduō yào shuì le.
もうそろそろ寝ます

祝 你 有 個 好 夢
ぢゅう にぃ ようごぁ はおもン　Zhù nǐ yǒu ge hǎo mèng.
よい夢が見られますように

ちょっと挑戦！

グリーティングカードを書いてみよう！

　ふだんはメールやSNSでも、手書きの手紙やグリーティングカードをもらうと、またうれしいものですね。
　最後に、台湾の人へ宛てたグリーティングカードを書いてみましょう。なかでも使う機会が多いと思われる、年賀状（"**賀年卡**"春節を祝うカード）と、バースデーカード（"**生日卡**"）を例に挙げました。
　日本での年賀状はふつうハガキを使いますが、台湾では封書を使ったグリーティングカードをよく使います。毎年春節の時期になると、おめでたい赤色に金をあしらった華やかなカードが多種多様に登場し、見ているだけでウキウキ！　そんなうれしい気持ちを手書きできるといいですね。

宛名の書き方

エアメールの宛名は英語で書くことが基本ですが、台湾へ送る場合なら、漢字（繁体字）で書いても大丈夫。というよりむしろ、そのほうが読みやすいでしょう。

AIR MAIL to TAIWAN

162-8558
日本国東京都新宿区下宮比町 2-6
佐藤 花子 緘①

郵票
(切手)

② 123-45
③ 台灣
④ 台北市大安區金山南路 2 段 1 號
　樂　大　維 ⑤ 先生 ⑥ 啟

差出人名

「差出人」は"寄件人"といいます。
①封書を送る場合は、差出人名の後に"緘"とつけます（省略可）。

ハガキの場合

AIR MAIL to TAIWAN
1 2 3 - 4 5
台灣
台北市大安區金山南路
2 段 1 號
樂 大 維 先生 收
日本国
東京都新宿区下宮比町 2-6
佐藤 花子
162-8558

受取人名

「受取人」は"收件人"といいます。できるだけ正しい繁体字で書きましょう。
②郵便番号"郵遞區號"は5ケタ。「-」は入れなくてもかまいません。
③送付先の国名として"臺灣""台灣""台湾"、あるいは"中華民國（国）"と書きます。ここにはっきりと書けば「AIR MAIL to TAIWAN」の「to TAIWAN」は不要ですが、あったほうが確実でしょう。
④住所。台湾の住所はふつう、直轄市名または県名・市名、区名、その後にその建物の正面入口が面している道の名前に番地がついています。例では「金山南路」という道の「2段1号」という番地です。ちなみに、私、樂大維にお手紙をくださる場合は、この台湾の住所ではなく、アスク出版宛てにお送りくださいね (*^^*)。
⑤受取人が男性の場合は、名前の後に"先生"を、女性の場合は"小姐"とつけます。
⑥最後に、「〜様」という意味で、封書の場合は"啟"、ハガキの場合は"收"とつけます。

③ グリーティングカードを書いてみよう！

年賀状 "賀年卡"

恩師に宛てた年賀状の例です。

① 先生などの目上の方へは、"你好"ではなく"您好"を使います。

② "祝您（你）"の後に、祝辞を続けます。恩師に宛てたものであれば、ほかに例えば"教師節快樂！"（教師の日、おめでとうございます）など。また、103ページのお祝いのことばを続ければ、同じ様式でいろいろなお祝いができます。

③ 目上の方へは「〜拝」の意味で"敬上"とつけましょう。

（先生の苗字）老師您好①

我是（自分の名前），您最近好嗎？
謝謝您對我的照顧。
祝您②在新的一年身體健康、萬事如意！

您的學生（署名）敬上③
20XX.X.X

【日本語訳】○○先生　こんにちは。　私は□□□□です。お元気でいらっしゃいますか？
お世話になり、ありがとうございます。新しい一年に健康で万事思いの通りにうまくいきますようにお祈りいたします。
あなたの学生□□□□　拝　20XX年X月X日

バースデーカード "生日卡"

友人へ宛てたバースデーカードの例です。

① "親愛的"（親愛なる）のかわりに、英語の「Dear」を使う人もいます。また、何もつけない人もいます。

---

① 親愛的（相手の下の名前 or あだな）

在這個特別的一天，
我要獻上滿滿的祝福，
生日快樂！

（署名）
20XX.X.X

【日本語訳】親愛なる○○さん　この特別な一日に、たくさんの祝福を差し上げます。
お誕生日おめでとう！　　　　　□□□□　20XX年X月X日

コラム

 # いろいろな「トイレに行きたい」

「トイレ」は"廁所"ですね。「トイレに行ってくる」と言う場合、次のように言います。

  我去一下廁所。（うぉ ちゅぃ いぃしあ つぁすお）

少しエレガントに言うなら、"廁所"を"洗手間"（しぃしょうじぇん）や"化妝室"（ほわぢゅわンしー）にするといいですね。さらにもし「トイレ」と直接ことばにしたくなければ、次のような表現を和らげた言い方をすることもできます。

  我去方便一下。（うぉ ちゅぃ ふぁあンびえン いぃしあ）

日本で言うと「ちょっとはばかりへ…」といったかんじでしょうか。

ここまでは、台湾華語（あるいは中国本土の普通話）を学んでいる人がテキストや授業で聞いた、見たことのある表現でしょう。でも、台湾で生活していると、周りの友人から、違ったことばが聞こえると思います。例えば……

  我去尿尿。（うぉ ちゅぃ にぁおにぁお）　　おしっこに行ってきます
  我去大便。（うぉ ちゅぃ だぁびえン）　　うんこに行ってきます

ここまではっきり言うなんて、やはりちょっと恥ずかしいですね。それで、こんな言い方を大人でもします。

  我去噓噓。（うぉ ちゅぃ しゅぃしゅぃ）
  我去嗯嗯。（うぉ ちゅぃ うんうん）

幼児語のように可愛く聞こえますね。あるいは、別のことばで言い換えることもあります。

  我去小號（または"1號"）。（うぉ ちゅぃ しあおはお（いーはお））　　小さいほうに行ってきます
  我去大號。（うぉ ちゅぃ だぁはお）　　大きいほうに行ってきます

トイレの話のほかにも、実際に現地に行って周りの会話に耳を澄ますと、テキストや授業では見たことのないたくさんの表現に出会うことができます。ぜひ楽しんでくださいね。

番外編

注音符号を
書いて読んでみよう！

　ここまで書くことに集中して練習してきましたが、せっかく台湾華語に触れているのですから、ちょっと読んでみましょう。
　華語を読んでみるときに、大きなハードルになるのが「注音符号」、華語の発音記号ではないでしょうか。たしかに、普通話で使われるピンインと比べると、読み方が予測できない馴染みのない文字なので難しく見えます。しかしじつは、中国語の発音を正確に表すには、ピンイン表記よりも注音符号のほうが適しているといわれます。
　これから華語を勉強する方はもちろん、ピンイン表記で中国語を学んできた方にも、注音符号を知ることは、中国語の発音上達に必ず役に立つでしょう。

＊音声はそれぞれの発音について２回ずつ録音しています。

台湾で使われている、漢字の読み方を表す記号を「注音符号」といいます。ここまでの練習で漢字の横にあった、まるで古代文字のようなあの記号です。先頭の4文字の音から「ボポモフォ（ㄅㄆㄇㄈ）」とも呼ばれ、子音（声母）21個、母音（韻母）16個の、合計37個の記号があります。

繁体字
對　ㄉㄨㄟˋ

注音符号は、古代の篆書や古文書にある字の形から作られたもので（どうりで古代文字のように見えるわけですね！）、中華民国時代の1918年に、漢字の発音を表す文字として制定されました。その際、日本語のカナ方式も参考にされたそうです。そして、国民党が台湾へ移るのに伴って台湾でも使われるようになりました。

一方、中国本土では、アルファベットを使った「ピンイン」を使って漢字の音を表します。ピンインは中華人民共和国成立後の1958年に、中国本土で制定された表記方法です。

簡体字
对　duì　ピンイン

じつは台湾でも、外国人に向けてはピンインが使われています。台湾に留学しても、発音の授業はピンインで行われることがほとんどで、テキストは注音符号とピンインが併記、場合によってはピンインだけが記されているものもあり、あまり注音符号に深く接することはないかもしれません。

しかし一歩教室の外に出ると、そこは注音符号の世界。台湾の人は小学校に入ると、最初に注音符号を習います。そしてそれをずっと使っていきます。パソコンやスマホを使った文字入力でも、この注音符号を使って入力します。そう、日本人にとってのひらがな、カタカナと同じ存在なんですね。

そんな、台湾人にとってなくてはならない注音符号を、ちょっと書いてみましょう。そして発音も一緒に、ちょっと練習してみましょう。

注音符号の構成

華語（中国語）の発音は「子音」+「母音」+「声調」から成り立っており、注音符号では、これら3つのパーツを組み合わせて表します。

基本は漢字の右側に縦書きで書きます。漢字の上か下に横書きで書く場合もあります。

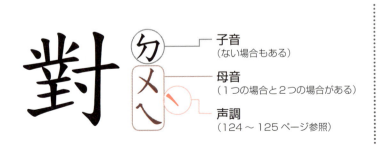

注音符号を書いて、読んでみよう！

　母音、子音、声調の順に、注音符号の読み方と書き方を、下の表の形で説明します。右側の欄でなぞり書きをしながら、ダウンロードの音声を聞き、発音してみてください。

注音符号	読み方の目安／ピンイン	発音の方法	注音符号なぞり書き

母　音

①**単母音**　音節の中心となる音で、「主母音」ともいいます。

注音符号	読み方の目安／ピンイン	発音の方法	なぞり書き
ㄚ	あぁ / a	日本語の「あ」とほぼ同じです。日本語よりも口を大きく開けてはっきり「あー」と発音しましょう。	
ㄛ	おぉ / o	くちびるを丸くして、「おー」と発音します。	
ㄜ	おぁ / e	日本語にはない音です。口の形は、まずペンを前歯で挟み、そのペンを抜いた形、日本語の「え」に近い形です。その口の形のまま、のどの奥から「おー」と発音します。	
ㄝ	え / e	日本語の「え」とほぼ同じです。単独で使うことはありません。	

★ピンイン表記では、「ㄜ」と「ㄝ」を区別せず、どちらも「e」で表します。しかし実際に発音すると、「e」はその前後につく音によって「ㄜ」と「ㄝ」に区別して発音する必要があります。
★単独で使うほか、介母音と組み合わせて使うこともできます。

②**複母音**　単母音が２つ以上連続するものです。

注音符号	読み方の目安／ピンイン	発音の方法	なぞり書き
ㄞ	あい / ai	口を大きく開けた「あ」をはっきり発音し、「い」に変えます。	
ㄟ	えい / ei	はっきり「え」を発音し、「い」に変えます。	

	あお	口を大きく開けた「あ」をはっきり発音し、なめらかにくちびるを丸くして「お」に変えます。	
ㄠ	ao		
	おう	くちびるを丸くしてはっきり「お」を発音し、そのままさらにくちびるをすぼめて「う」に変えます。	
ㄡ	ou		

★単独で使うほか、介母音と組み合わせて使うこともできます。

③**鼻母音**　「ん」＝「-n」か「-ng」で終わる音です。

	あん	「案内」の「あん」。口を大きく開けた「あ」をはっきり発音したあと、舌先を上の歯茎の裏につけて音を止めます。介母音の後につくときは、「えん」と発音します。	
ㄢ	an		
	えん	「ㄜ」の音（「え」に近い口の形で「お」と言う音）を発音したあと、舌先を上の歯茎の裏につけて音を止めます。	
ㄣ	en		
	あン	「案外」の「あン」。口を大きく開けた「あ」をはっきり発音したあと、舌先は動かさず、奥のほうで舌をもり上げるようにして音を止めます。介母音の後につくときも、「あン」と発音します。	
ㄤ	ang		
	えぅン（おン）	「ㄜ」の音を発音したあと、舌先は動かさず、奥のほうで舌をもり上げるようにして音を止めます。「おン」に近い音になることもあります。	
ㄥ	eng		

★単独で使うほか、介母音と組み合わせて使うこともできます。

２種類の「ン」

　「ㄢ」と「ㄣ」は、舌先で音を止める「ん」で、ピンイン表記では「-n」と表します。「あぬ」「えぬ」と発音するときの「ぬ」の感覚です。日本語の音読みで「〜ん」となる漢字は、この「-n」になります。

　「ㄤ」と「ㄥ」は、舌先は使わずに音を止める「ン」で、ピンイン表記では「-ng」と表します。舌の奥のほうをもり上げるようにして鼻に息を抜き、音を止めます。日本語の音読みで「〜イ」「〜ウ」といった長音で終わる字は「-ng」です。本書のよみがなは、この「-ng」の音をカタカナの「ン」を使って表しました。

　-n　　看：「かん」→「ㄎㄢˋ」(kàn)　　本：「ほん」→「ㄅㄣˇ」(běn)
　-ng　 棒：「ぼう」→「ㄅㄤˋ」(bàng)　　生：「せい」→「ㄕㄥ」 (shēng)

　この「-n」と「-ng」は、標準の発音としては台湾でも中国本土でも厳密に区別されますが、実際には、台湾の人や中国本土でも特に南方の人は、あまり区別しないことが多いです。

④ **そり舌母音**　舌をそり上げて発音する音です。

ㄦ	あ_る (ああ)	「あ」を発音したあと、舌先をちょいとそり上げます。「JR」の「R」を言うような感じです。 書く時、最後ははねませんので気をつけましょう。	ㄦ
	er		

★いわゆる「アル化」で使う発音で、普通話ではとてもよく使います。華語にも「アル化」がありますが、実際にはあまり使いません。後で述べますが、台湾の人は「舌をそり上げる」ことをあまり意識していず、「ある」よりも「ああ」と聞こえることが多いでしょう。

⑤ **介母音**　子音と母音の仲立ちをする音で、「半母音」ともいいます。
　単母音と同じく、これだけで1つの音節を作ることもでき、普通話では単母音に分類されています。

ㄧ	いぃ	日本語の「い」とほぼ同じですが、日本語よりも口を左右に横にしっかり引いて「いー」と発音します。	ㄧ
	i		
ㄨ	うぅ	くちびるをすぼめて前に突き出しながら「うー」と発音します。	ㄨ
	u		
ㄩ	ゆぃ	「ㄨ」と同じようにくちびるをすぼめて前に突き出しながら、「いー」と発音します。	ㄩ
	ü		

★ピンイン表記では、介母音「i」「u」「ü」が単独で1つの音節となる場合、「yi」「wu」「yu」というふうに、「y」や「w」をつけて表記するように変わります。子音の後につくときも、介母音の表記が変化するときがあります。
　注音符号で表すと、どんなときでも変化しません。

　単独で母音を表す注音符号は、以上の16個です。これとは別に、⑤の介母音と①～③を組み合わせてできる母音もあります。それらを次に一覧にしました。

介母音が先頭にくる複母音・鼻母音

「ㄧ」が先頭にくるもの

ㄧㄚ	いあ（や）	ㄧㄝ	いえ	ㄧㄠ	いあお（やお）	ㄧㄡ	いおう（よう／いう） ※「お」は非常に弱い
	ia (ya)		ie (ye)		iao (yao)		iu (you)
ㄧㄢ	いえん ※「ㄢ」は「えん」と発音	ㄧㄤ	いあン（ヤン）	ㄧㄣ	いん ※「ㄣ」は「ん」	ㄧㄥ	いぃン ※「ㄥ」は「ン」
	ian (yan)		iang (yang)		in (yin)		ing (ying)

「ㄨ」が先頭にくるもの

ㄨㄚ	ぅあ（わ）	ㄨㄛ	ぅお（うお）	ㄨㄞ	ぅあい（わい）	ㄨㄟ	ぅえい（うぇい） ※「え」は非常に弱い
	ua (wa)		uo (wo)		uai (wai)		ui (wei)
ㄨㄢ	ぅあん（わん）	ㄨㄤ	ぅあぁン（わぁン）	ㄨㄣ	ぅえん（うぇん） ※「え」は非常に弱い	ㄨㄥ	ぅおン（うぉン）
	uan (wan)		uang (wang)		un (wen)		ong (weng)

「ㄩ」が先頭にくるもの

ㄩㄝ	ゆえ	ㄩㄢ	ゆえん ※「ㄢ」は「えん」と発音	ㄩㄣ	ゆいん ※「ㄣ」は「ん」	ㄩㄥ	いおン（よン）
	üe (yue)		üan (yuan)		ün (yun)		iong (yong)

子音

子音は全部で21個あり、次の5種類に分類されています。
- Ⅰ **無気音**…息を強く出さずに静かに発音する音
- Ⅱ **有気音**…息をパッと激しく出して発音する音
- Ⅲ **鼻音**……鼻にかけて出す音
- Ⅳ **摩擦音**…歯や舌と息を摩擦させて出す音
- Ⅴ **有声音**…声帯をふるわせながら発音する音

この5つの中で、はっきりと区別する必要があるのが、Ⅰの無気音とⅡの有気音です。口の前に手のひらを置いて発音して、息を感じないように穏やかに発音するのが無気音、激しく息が吹きかかるのが感じられるように発音するのが有気音です。よみがなをつけると、無気音は濁音（「ぼ」「だ」など）、有気音は清音や半濁音（「ぽ」「た」など）で表すことが多く、本書でもこのように区別しています。

①くちびるを使って発音する子音

ㄅ	ぶ（ぁ）	無気音。くちびるを軽く閉じ、息を出さずに静かに「ぶ（ぁ）」と発音します。
	b	
ㄆ	ぷ（ぁ）	有気音。くちびるを固く閉じ、息を破裂させるように出しながら「ぷ（ぁ）」と発音します。
	p	

	注音	発音	書き順
ㄇ	む(ぁ) / m	日本語のマ行とほぼ同じです。くちびるに力を入れて「む(ぁ)」と発音します。	
ㄈ	ふ(ぁ) / f	英語の「f」とは少し違っていて、下くちびるの内側を上の前歯の先に軽くつけるようにして「ふ(ぁ)」と発音します。	

②舌を使って発音する子音
舌先を上の前歯の裏にあてて発音します。

	注音	発音	書き順
ㄉ	ど(ぁ) / d	無気音。舌の先を上の前歯の裏に置いて、息を出さずに静かに「ど(ぁ)」と発音します。	
ㄊ	と(ぁ) / t	有気音。舌の先を上の前歯の裏に置いて、息を破裂させるように出して「と(ぁ)」と発音します。	
ㄋ	ぬ(ぁ) / n	日本語のナ行とほぼ同じです。	
ㄌ	ろ(ぁ) / l	日本語のラ行とほぼ同じです。舌はそらせません。	

のどの奥で発音します。

	注音	発音	書き順
ㄍ	ご(ぁ) / g	無気音。のどの奥のほうから「ご(ぁ)」と発音します。息は出さずに静かに発音します。	
ㄎ	こ(ぁ) / k	有気音。のどの奥のほうから、息をしっかり「クッ」というイメージで出して「こ(ぁ)」と発音します。	
ㄏ	ほ(ぁ) / h	摩擦音。日本語のハ行の発音よりも、のどの奥のほうから発音します。のどの奥で息とのどがこすれ合うイメージです。	

日本語の「じ」「ち」「し」の感覚で発音します。

ㄐ	じぃ	無気音。日本語の「じ」とほぼ同じです。息は出さずに静かに発音します。	ㄐ
	j		
ㄑ	ちぃ	有気音。日本語の「ち」とほぼ同じです。息をしっかり破裂させるように出して発音します。	ㄑ
	q		
ㄒ	しぃ	摩擦音。日本語の「し」とほぼ同じです。	ㄒ
	x		

★①と②の合計14個の子音は、単独で使うことはできません。後に必ず母音がつきます。

③舌をそり上げて発音する音（そり舌音）

ㄓ	ぢー	無気音。「儿（er）」の「r」のように、舌先をそり上げて立たせます。そのまま静かに「ぢー」と発音します。すると、「ㄐ」とは違った響きが混じった音になります。	ㄓ
	zh(i)		
ㄔ	ちー	有気音。舌先をそり上げて立たせ、そのまま息を強く出しながら「ちー」と発音します。すると、「ㄑ」とは違った響きが混じった音になります。	ㄔ
	ch(i)		
ㄕ	しー	摩擦音。舌先をそり上げて立たせ、そのまま「しー」と発音します。すると、「ㄒ」とは違った響きが混じった音になります。	ㄕ
	sh(i)		
ㄖ	りー	舌先をそり上げて立たせ、そのまま「いー」と発音します。よみがなは「りー」と書いていますが、実際には日本語の「り」とはまったく違う響きをもった音です。	ㄖ
	r(i)		

★ピンイン表記の「zhi」「chi」「shi」「ri」の音は、注音符号ではこの4つの子音記号だけで表すことができ、「ー（i）」は不要です。「ー」以外の母音は「ㄓ」「ㄔ」「ㄕ」「ㄖ」の後にそれぞれつけます。

④舌と歯を使って発音する子音

ㄗ	づー	無気音。くちびるを横に引いたまま、「づー」と息を出さずに静かに発音します。横に引く形をしっかりキープしましょう。	ㄗ
	z(i)		

ち	ㄘー	有気音。くちびるを横に引いたまま、「つー」と息をはっきり出して発音します。横に引く形をしっかりキープしましょう。	ち
	c(i)		
ム	ㄙー	摩擦音。くちびるを横に引いたまま、「すー」と発音します。横に引く形をしっかりキープしましょう。	ム
	s(i)		

★ピンイン表記の「zi」「ci」「si」の音は、注音符号ではこの3つの子音記号だけで表すことができ、「ー（i）」は不要です。「ー」以外の母音は「ㄗ」「ㄘ」「ㄙ」の後にそれぞれつけます。

台湾人のそり舌音

　台湾の人は、舌をそり上げて発音する「そり舌音」を、あまりしっかりと意識しない傾向があります。これは、台湾で昔から話されている台湾語に、舌をそり上げて出す発音がないためだともいわれます。
　では、台湾の人はそり舌音の「ㄓ」「ㄔ」「ㄕ」を、どのように発音しているのでしょうか。それは、ピンイン表記のそり舌を表す「h」が抜けた形、すなわち「ㄗ」「ㄘ」「ㄙ」です。

　　　ㄓ　zh(i)　　→　　z(i)　ㄗ
　　　ㄔ　ch(i)　　→　　c(i)　ㄘ
　　　ㄕ　sh(i)　　→　　s(i)　ㄙ

　とはいえあくまでも、台湾でも標準の発音は普通話と同じそり舌音です。ですので、本書の繁体字や単語のよみがなも、そり舌音の音に従ったよみがなをつけました。けれども実際には、そのようには聞こえないことも多いかもしれません。とても上手にできる人もいれば、まったくできない（しない）人もいるといった具合で、個人差もとても大きいです。日本人のみなさんが台湾に行って、上手なそり舌音で発音すると、きっと「北京語（標準的な発音による華語（国語）、中国本土の普通話というニュアンスを含むこともあります）が上手だね！」と言ってくれるでしょう。
　また、中国本土でも、特に南方では、台湾人と同じようにそり舌音を意識せずに発音する人がたくさんいます。
　普通話の先生には怒られるかもしれませんが、普通話の発音を練習していて、「そり舌音ができない」、あるいは「nとngの区別ができない」と悩んであきらめてしまうくらいなら、一度そのフィルターをはずしてみるとよいかもしれません。大きな地域差、個人差を内に含んでいるのが「中国語」の大きな特徴であり、学ぶ醍醐味です。台湾や中国本土南方の発音のクセを知ることによって、聞き取りや、コミュニケーションの幅がより広がるのではないかと思います。

声　調

　「声調」とは、１つの音節の中にある音の高さ、上げ下げのことで、華語、普通話の区別なく、中国語全体の発音の最大の特徴です。４つの声調があるので、「四声」ともいい、次のような記号を母音につけて表します。

第１声 ā	高い音で平らに伸ばします。 電子音の「ピー」というようなイメージです。 声調記号はありません（ピンイン表記では横一本線）。	
╱ 第２声 á	中くらいの高さから、一気に高い音に引き上げます。 ちょっと怒って「はあ？」というイメージです。 声調記号は、右上がりの斜め線「╱」です。	╱
∨ 第３声 ǎ	ずーんと低い音です。語尾は若干上がります。 残念な気持ちで「あ～あ」というイメージです。 声調記号は「∨」の形です。	∨
╲ 第４声 à	高いところから一気に低く下げます。 何かを始めるときに「さぁ！」というイメージです。 声調記号は、右下がりの斜め線「╲」です。	╲

　このほかに、声調を持たない「軽声」があります。単独で発音されることはなく、いつも別の音節の後ろにつき、軽く短く発音される音です。

・ 軽声 a	第１声、第２声、第４声の後につく場合は、前の音より低い音で、軽く短く発音します。 第３声の後につく場合は、前の音より高い音で、軽く短く発音します。 声調記号は「・」で、注音符号の先頭につけます。	・

　この軽声についても、台湾と中国本土では使う頻度にかなりの差があります。例えば "地方" は、普通話では「dìfāng」と軽声にしないで発音すると「地方」の意味、「dìfang」と軽声にすると「場所、～の所」の意味になるように区別しますが、台湾では特に区別せず、どちらも軽声にしない「ㄉㄧˋ ㄈㄤ」(dìfāng)と言います。標準の発音では軽声とされていても、実際に話すと軽声にならないことも多いです。

　声調は、２音節以上を連続して発音すると変化する場合があります。代表的なものは、第３声が続くとき、前の第３声が第２声に変わるというものです（声調記号は変化せず、第３声のまま表記します）。また、"不" や "一" の声調が、後ろにつく声調によって変化します（声調記号もそれに合わせて変えて表記します）。

声調記号をつける位置

軽声以外の声調記号は、母音の右上につけます。第1声はなにもつけません。
　①母音が1つの場合はその右上に

　②母音が2つの場合はその真ん中、2つめの母音の右上に

　③子音1つだけの場合（ㄓㄔㄕㄖㄗㄘㄙ）、その右上に

軽声の記号は、先頭につけます。

　横書きの場合、
①第2、第3、第4声を表す記号は、上部につける場合、母音の右上（母音が2つの場合は後ろの母音の右上）につけます。
②軽声を表す「・」は先頭につけます。

むすびにかえて

　練習、たいへんおつかれさまでした！
　実際に文字を書いてみて、いかがでしたでしょうか？　本書の練習を通じて、台湾に興味を持った、もっと興味が増したと思っていただければ、本当にうれしいです。さらに、台湾華語を介して、中国語そのものに興味を持って、もっと勉強してみたいと思っていただければ、これ以上のことはありません。
　日本で発行されている中国語教材のほとんどは、簡体字とピンインを使った、中国本土の中国語「普通話」の教材です。しかし中国本土でも、広東語、上海語など、各地でそれぞれ外国語といえるほどに隔たりのある方言がしっかりと活きています。ですから、普通話の基準に合わせることにがんじがらめになってしまうと、せっかくの中国語コミュニケーションの世界が狭まってしまいかねません。台湾華語から中国語を始めよう、という方はもちろん、これまで普通話だけを学習してきたという方にも、ぜひ台湾華語の世界に触れていただいて、「中国語」の世界をさらに広げていただけますように願っています。
　最後に、「台湾華語・台湾語の勉強に役に立つサイト」をご紹介いたします。

【正体字について】
台湾教育部「常用國字標準字體筆順學習網」
http://stroke-order.learningweb.moe.edu.tw/character.do

台湾教育部「教育部異體字字典」
http://dict2.variants.moe.edu.tw/variants/rbt/query_by_standard_tiles.rbt?command=clear

台湾教育部「臺灣閩南語推薦用字700字詞」
http://prj.digimagic.com.tw/ntcmin700/

【注音符号について】
台湾教育部「常用國字標準字體筆順學習網」
http://stroke-order.learningweb.moe.edu.tw/symbolStrokeQuery.do

財団法人国語日報社「ㄅㄆㄇBoPoMo發音練習」
http://www.mdnkids.com/BoPoMo/

台湾政府「新編華語注音符號」
http://edu.ocac.gov.tw/lang/basic/ch_kindergarten_new/english/page/sa.htm

【台湾華語の語彙について】
台湾教育部「教育部重編國語辭典修訂本」
http://dict.concised.moe.edu.tw/jbdic/search.htm

遠流出版社「遠流活用中文大辭典」
http://lib.ctcn.edu.tw/chtdict/about_intro.aspx

【台湾語について】
台湾教育部「臺灣閩南語常用詞辭典」
http://twblg.dict.edu.tw/holodict_new/index.html

台湾語研究専門家による「台文／華文線頂辭典」
http://ip194097.ntcu.edu.tw/ungian/soannteng/chil/Taihoa.asp

●繁体字の練習に、コピーしてご利用ください

● 著者

樂大維（Yue Dawei　ガク ダイイ）

台北市出身。東吳大学外国語学部日本語学科卒業。台湾師範大学華語文教学研究所修了。2009年来日。2014年早稲田大学大学院人間科学研究科博士後期課程単位取得満期退学。現在、拓殖大学、文化外国語専門学校、順天学園、池袋コミュニティ・カレッジなど講師。「中国語」や「台湾華語」、「台湾語」などの授業を担当する。また、執筆活動においても台湾・日本で活躍中。台湾での著書に『跟著在地人吃日本』（地元民が選ぶ日本のグルメスポット）『跟著在地人玩日本』（地元民が選ぶ日本の観光スポット）（瑞蘭國際）など。日本での著書に『今日からはじめる台湾華語』（白水社）、『新装版 街ぶら台湾華語』、『旅の台湾華語 伝わる会話＆フレーズブック』（アスク出版）など。

筆談もOK！
書き込み式　台湾華語＆繁体字練習帳

2017年6月22日　初版　第1刷
2019年5月28日　　　　第3刷

著者：　　　　　　　　樂大維　©2017 by Yue Dawei
本文・カバーイラスト：　下田麻美
本文・カバーデザイン：　アスクデザイン部
写真提供：
　ゆんフリー写真素材集 Photo by ©Tomo.Yun　http://www.yunphoto.net　（p. 54 故宮博物院、p. 60 高鐵）
　ピクスタ　https://pixta.jp/　（p. 60 國父紀念館の孫文像、烏山頭ダム、p. 66 臺鐵）
　photolibrary　https://www.photolibrary.jp/　（p. 52 桃園國際機場）
　写真AC　https://www.photo-ac.com/　（p. 55 士林夜市（上、下））
ダウンロード音声
ナレーション：　　　　樂大維・高野涼子
スタジオ収録：　　　　有限会社スタジオグラッド
DTP・印刷・製本：　　倉敷印刷株式会社
発行：　　　　　　　　株式会社アスク出版
　　　　　　　　　　　〒162-8558　東京都新宿区下宮比町2-6
　　　　　　　　　　　電話 03-3267-6866（編集）　03-3267-6864（販売）
　　　　　　　　　　　FAX 03-3267-6867
　　　　　　　　　　　https://www.ask-books.com/
発行人：　　　　　　　天谷修身

価格はカバーに表示してあります。許可なしに転載、複製することを禁じます。
落丁本、乱丁本はお取り替えいたします。
ISBN978-4-86639-084-0　Printed in Japan